Ley & foro

2010, Núm.2 y 3

Contenido

Universidad

Ley y foro es una publicación trimestral del Colegio de Abogados de Puerto Rico. El Colegio no se solidariza necesariamente con las opiniones vertidas en los artículos aquí publicados. Toda correspondencia relacionada con esta revista debe ser dirigida al colegio: pres.capr@capr.org o al editor: Cond. El Centro II, 500 Muñoz Rivera Suite 1002, San Juan, PR 00918 o a la dirección electrónica carlosgil@prtc.net

Colaboraciones: artículos de 10 páginas máximo con notas incluidas, en cualquier fuente 12, doble espacio, en Word para Macintosh o PC.

Presidente: Lcdo. Osvaldo Toledo Martínez
Director Ejecutivo: Lcda. JMady Pacheco García
Editor: Lcdo. Carlos C. Gil Ayala
Comisión Editorial:
Presidente: Lcdo. Carlos C. Gil Ayala
Miembros: Lcdo. José Ariel Nazario, Profesor Manuel Álvarez Lezama
Lcda. Irlanda Ruiz Aguirre,
Lcdo. Manuel Clavell Carrasquillo
Selección de obras artísticas:
Prof. Manuel Álvarez Lezama

Diseño Gráfico:
Sofía Sáez Matos
sofiasaez@coqui.net

Anuncios:
Annette Marie Garced
787.420.3969
annettemgs@hotmail.com

En portada:
Plablo Rubio,
El grito
2008

Pablo Rubio, *Estrella del Norte*, 2008 (detalle).

Nota editorial

Hacia una política
del perdón

2010, NÚM. 2

Los escritos incluidos en este número tienen tres sujetos comunes: las mujeres, los jóvenes y los niños.

Apoyado en una prensa que escayola convenientemente los mismos viejos atavismos prepolíticos del nacionalismo, el País ha presenciado aterrorizado el espectáculo del manipuleo sacrificial de nuestra juventud. Es como si nosotros, los baby boomers, le heredáramos a las generaciones más jóvenes nuestras propias agendas generacionales inconclusas, cobrándoles a ellos, los jóvenes, nuestras facturas históricas. La construcción de las mitologías de la tierra, de que todo pasado fue mejor cuando éramos puros e incontaminados (antes de la llegada del extranjero); la conversión de la violencia y la irracionalidad nacionalista en eslogan de la lucha de nuestros jóvenes; el amontonamiento de culpas generacionales pasadas sobre los hombros de esta juventud, tan carente de un tercero como principio normativo, como el propio País; la abultada lista de peticiones de sindicatos inescrupuloso y corruptos, de partidos de centro e izquierda en la quiebra de sus aspiraciones electorales por la insuficiencia histórica de sus alternativas, todo ello puesto convenientemente en la lista de compra de la actividad huelgaria de nuestros jóvenes; la rampante patriotería cultural de güiro y maraca y el mundo de Jauja donde no habrá trabajo, la tierra manará leche y miel y sobre todo, no tendremos Ley alguna que obedecer, son, entre todos, las piedras angulares de las políticas del odio y el resentimiento, vectores de nuestro discurso público contemporáneo.

Y es así como estos apotegmas sumergidos en las prácticas cotidianas, han surgido con la última la huelga universitaria, una más dentro de la larga lista; huelga que, por cierto, si una cosa ha dejado clara es la eficacia con que en ellas se forjan los futuros políticos a la triste imagen y semejanza de los llamados hombres públicos de ayer y de hoy.

No empece a lo dicho, la filiación genealógica de la institución universitaria que exponemos en el dossier mostrará que no hay nada más lejos del nacionalismo que aquel esfuerzo fundador de nuestra Universidad en 1903, la primera después de cuatrocientos años de dominio español.

El escrito sobre la violencia femenina nos habla de estas y otras violencias, esta vez de la mujer contra la mujer. El escrito sobre la Ley de Protección a la Niñez, de la violencia de una sociedad entera contra el niño.

Pero, ¿tiene Puerto Rico las condiciones para una Política de la Reconciliación? Creemos que sí. Y porque lo creemos, dedicamos este número de Ley y foro a esos tres sujetos del sacrificio: a la mujer, a los jóvenes y los niños. ✳

The University of Porto Rico, "…al margen de la ley…"*

Carlos Gil

Abogado

a mis estudiantes de la Universidad de Puerto Rico.

Para interpretar lúcidamente la realidad puertorriqueña, hay que atender a ese desarrollo al margen de la ley.
— Jaime Benítez

Cuando fueren varios los herederos llamados a la herencia, podrán los unos aceptarla, y los otros repudiarla. De igual libertad gozará cada uno de los herederos para aceptarla pura y simplemente, o a beneficio de inventario.
— Artículo 973, Código civil de Puerto Rico (1902).

I. INTRODUCCIÓN, DIFÍCIL GENEALOGÍA

El día que inauguraron la Normal, el 30 de mayo de 1902, la fiesta empezó a las nueve de la mañana, y la gente de Río Piedras estuvo bailando hasta los claros del otro día. El mismísimo Samuel McCune Lindsay, Comisionado de Instrucción Pública, recién nombrado al cargo en sustitución de Martin G. Brumbaugh, asistió a la fiesta con toda su familia y el inseparable intérprete. Poco después, en su informe al Gobernador, afirma sobre la Normal: "Es digna de sostén entusiasta de la comunidad, y será, andando el tiempo, el factor más importante en la extensión de los principios americanos de gobierno, en la formación de ideales de conducta y de vida en el conocimiento y el logro de la cultura y de servicio."[1]

---

* Un versión de este trabajo se publicó en *Frente a la Torre. Ensayos del Centenario*, Álvarez Curbelo, S., Raffucci, Carmen I., Eds., La Editorial UPR, Río Piedras,2005, págs.., 20-49. Especial reconocimiento a los Ayudantes de Investigación Daniel Codoni y a Adriana Gutiérrez por su incansable, entusiasta y diligente colaboración con esta investigación. Aquí se han hecho modificaciones sustanciales y marcado contrastes esbozados muy tímidamente en la primera versión.

[1] Cf., Informe al Gobernador, 9 de junio de 1902. Cf., también, Nelson R. González Mercado, *Historia de la Universidad de Puerto Rico,* Tesis inédita de Maestría en Historia, Departamento de Historia, Facultad de Humanidades del Recinto de Río Piedras de la Universidad de Puerto Rico, pág. 74. Agradezco al profesor González Mercado el permiso para la reproducción parcial de su tesis, así como al Departamento de Historia por la diligencia y prontitud con que gestionó los permisos y reproducción del mencionado documento.

A las nueve en punto de la mañana de aquel 30 de mayo el Ayuntamiento en pleno salió en caravana hasta la calle que conduce a la Normal para colocar un tablero con el nombre con que recientemente fuera bautizada la misma: "Dr. Martin G. Brumbaugh"; a las doce se reunió nuevamente el Ayuntamiento para la distribución de limosnas a los pobres de la localidad consistentes en pan, carne y arroz; a las tres de la tarde fue el solemne acto de inauguración, a la que asistieron el Gobernador Hunt junto con todo su Gabinete, quien llegó en un coche particular hasta la misma entrada del edificio, y junto a él los jueces del Tri-

eventos.[2] Parece que fue tal el entusiasmo que causaron en el Comisionado estos actos que pocos meses después, de una sentada, redactó la ley que creó la *University of Porto Rico*.

En lo que sigue, veamos brevemente cuál fue el modelo de creación de la Universidad.

II. EL LAND-GRANT COLLEGE

En la anatomía del hombre hay una clave para la anatomía del mono.
— *Grundrisse*, Carlos Marx

La primera piedra, 1901. Colección AACUPR

Escuela Normal, 1902. Colección periódico El Mundo

bunal Supremo. A las tres de la tarde llegó a Río Piedras la banda de la Policía Insular en un tren especial de ferrocarril entonando melodías criollas, junto a otro vagón que traía a la plana mayor del gobierno, al Consejo Ejecutivo y otros funcionarios. Una vez que la comitiva entró al Salón de Actos, comenzaron los discursos protocolarios, desde el del Gobernador hasta el del Comisionado de Instrucción. Acto seguido, las niñas de las escuelas del municipio cantaron "La Borinqueña" acompañadas de la mencionada Banda de la Policía, "puestos de pie todos los asistentes". Cerca de las nueve de la noche empezó el baile que terminó en la mañana del otro día. "(…) en verdad aquello era sublime (…)", terminaba diciendo el corresponsal de *La Democracia* que cubrió estos

Dos líneas se cruzan en la fundación de la Universidad: la que transcurre por los desarrollos escolares y los intentos de fundación de instituciones similares bajo el régimen español, y otra que se remontaría a la acción legislativa de iniciativa norteamericana del 12 de marzo de 1903.

En la ley Lindsay de 1903, los modos de financiamiento, los propósitos y el marco teórico están completamente dentro del discurso del *land-grant college*: mediante la venta de terrenos públicos concedidos a los estados y territorios se buscaba adiestrar profesionalmente una ingente mano de obra capaz de ingresar en una economía en vías de acelerada modernización. La fun-

---

[2] Cf., "Inauguración de la Escuela Normal de Río Piedras", *La Democracia*, 2 de junio de 1902, pág. 3. La noticia está firmada por un anónimo "Corresponsal".

dación de la *University of Porto Rico* es, en cierta forma, un acto genérico, cuya ley se recorta por el patrón del Morril Act de 1862 (especialmente la sección 4 de dicha ley del Congreso, relativa al financiamiento).[3] Con el tiempo, una vez se crea la institución legal de la universidad, otros relatos de fundación se sucederán en el discurso público, dándose como antecedentes los intentos de creación de una institución de educación superior bajo la dominación española. Esa refundación no está separada de una línea discursiva que insiste en el paso de la Universidad a manos puertorriqueñas.[4]

A diferencia de las estaciones agronómicas españolas en las Antillas, de muy corta vida, en Estados Unidos se habían desarrollado con mucho éxito las Agricultural Experiment Stations.[5] Estas estaciones, cuyo origen se remonta a las organizaciones privadas para el fomento de la agricultura, fueron reconocidas por el propio presidente Washington, quien se refiere a ellas y a la necesidad de establecer un departamento de agricultura en su mensaje al Congreso del primero de marzo de 1785.[6] Las estaciones experimentales entroncan en su origen con un inveterado espíritu filantrópico, en pro de donaciones particulares de dinero,

equipo y tierras de filántropos de estados como Massachussets (es el caso de Benjamin Bussey, sobre cuyas tierras donadas al Harvard College se inauguró el primer proyecto de experimentación agrícola hacia 1870).[7] Por el Acta del Congreso del 2 de marzo de 1887, conocida como Acta Hatch,[8] se concede un donativo de quince mil dólares a todo estado o territorio que cree una estación experimental agrícola como departamento de un land-grant college. El financiamiento era producto de un aumento en la otorgación de los fondos provenientes de la venta de terrenos públicos, establecida al amparo del Acta Morril de 2 de julio de 1862.[9] Estos fondos Morril-Hatch, como veremos, llegarán a ser el corazón del financiamiento de la Universidad durante las dos primeras décadas de su existencia.

A. Las órdenes militares: un modelo corporativo para la educación.

Contrario a lo ocurrido en los últimos cuatro siglos de dominación española, el nuevo poder interventor concederá una extraordinaria importancia a la instrucción pública. En el discurso jurídico para la fundación de la *University of Porto Rico* hubo un claro intento de modernización del territorio. Esta modernización tenía un programa concreto: hacer visible la Isla, como ejemplo de los beneficios de la forma de vida norteamericana. La Universidad sería pues instrumental

---

[3] Cf., 12 Stat. at. L. 503, 37 Cong. 2 Ses. Cap. 130, 2 de julio de 1862. Agradezco al doctor Luis Muñiz Argüelles sus comentarios sobre el land-grant college así como las interesantes observaciones sobre el tema de las herencias vacantes en el Derecho sucesorio.

[4] Hacia 1929, a raíz de la destitución del Canciller Benner, último de los cancilleres norteamericanos de la Universidad, afirmaba Vicente Géigel Polanco: "El florecimiento actual de nuestra Alma Mater no es obra suya, como ha hecho creer a los incautos el propio Canciller. Es obra de la Asamblea Legislativa de Puerto Rico, que aportó recursos económicos para las reformas implantadas. La mediocridad de Benner ha impedido que la Universidad cumpla el amplio programa de actividades culturales que realizan en otros pueblos instituciones análogas. Con su separación, la Universidad da un paso de avance y surge la ocasión propicia para llevar al rectorado a un pedagogo que le imprima amplias orientaciones sociales y que realice inteligentemente el *programa de nacionalismo cultural que corresponde a toda Universidad.*" *La Democracia,* 11 de mayo de 1929, pág., 1. Cf. González Mercado, pág. 248, énfasis suplido.

[5] Cf., True, A.C. and Clark, V.A., *The Agricultural Experiment Stations in the United States,* U.S. Department of Agriculture, Washington, Government Printing Office, 1900.

[6] Ibid, pág. 29.

[7] Otros importantes filántropos que contribuyeron decisivamente en la fundación de las Estaciones Experimentales fueron James Arnold, quien estableció becas para el estudio y experimentación agrícola asociadas a la Universidad de Harvard, hacia 1872; Orange Judd, quien donó dinero para parear fondos estatales para laboratorios agrícolas; Lawson Valentine de Massachustts quien estableció en el Condado de Orange, en Nueva York, la Houghton Farm, que fue la primera estación experimental por ser la primera que realizó experimentos agrícolas sostenidamente, realizando publicaciones especializadas anualmente en los campos de física agraria, crecimiento de plantas, enfermedades de las plantas y crecimiento y producción de animales, la misms realizó trabajos hasta 1888, cuando murió Valentine. (Cf., ibid., pág. 34-35.)

[8] 24 Stat. at L. 440, 49 Cong., 2_ Ses., Cap. 314, 2 de marzo de 1887.

[9] 12 Stat. at L. 503, 37 Cong. 2 Ses.Cap. 130, 2 de julio de 1862.

en dicho desarrollo, como atestiguan las propias palabras de Lindsay: "(…) such and institution would contribute largely to making the Island better known (…)", en uno de sus informes al Gobernador.[10] Pero veamos con más calma los orígenes más inmediatos de la Universidad.

En efecto, luego de la ocupación de la Isla por el ejército norteamericano, el Gobernador militar General Guy V. Henry promulgó la primera Ley Orgánica de la Educación que dividió los pueblos de la Isla en distritos escolares, incorporando legalmente los mismos al dotarles de personalidad jurídica con poderes para contraer obligaciones contractuales, entablar reclamaciones judiciales y responder a ellas en cualquier tribunal insular de jurisdicción competente.

Las corporaciones así creadas tenían: a) poder para poseer propiedades muebles e inmuebles para fines escolares, propiedad que quedaba exenta del pago de contribuciones; b) un procedimiento reglamentario para la celebración de asambleas las cuales podían: 1) elegir juntas escolares, 2) crear escuelas, 3) seleccionar terrenos para fines educativos, 4) determinar la suma de dinero que recaudarán por concepto de contribuciones sobre la propiedad tributable del distrito; c) un procedimiento para la elección de los cinco síndicos y la otorgación de poderes a la junta distrital como organismo y de los miembros como funcionarios de dicho distrito; 5) la autoridad para imponer y cobrar contribuciones para fines educativos, emitir bonos previa autorización de las asambleas especiales de los electores legales a los fines de adquirir terrenos para la construcción de edificios escolares, construir, equipar y ampliar los mismos y pagar deudas ya contraídas para dichas edificaciones; 6) un procedimiento de expropiación forzosa en los casos en los que existiera la necesidad de adquirir terrenos para la construcción de planteles y no fuera posible llegar a un acuerdo con los propietarios; 7) autoridad para entablar demandas judiciales. Incluso, la orden del general Henry concedía poderes a las Juntas para imponer sanciones en los casos en que los reglamentos no fueran obedecidos.[11]

Prospectivamente, la orden de Henry establecía los requisitos para ejercer como maestro en la Universidad de Puerto Rico (cuatro años antes de ser fundada) y autorizaba la creación de escuelas profesionales en dicha nascitura institución.

Es claro el interés modernizador del proyecto norteamericano, ya desde los primeros meses del desembarco.

Bajo la gobernación del General George V. Davis, tercer gobernador militar de la Isla, se modificó la estructura de la Junta de Instrucción Pública para permitir la representación de los distritos del interior de la Isla. La nueva Junta Insular de Instrucción Pública estaba compuesta por nueve miembros de los cuales tres residirían en San Juan y seis miembros adicionales, uno por cada distrito escolar del país.[12]

La currícula de las escuelas creadas por los gobernadores militares se centró en la enseñanza del inglés y en la americanización de las costumbres, mediante prácticas como la enseñanza y ritualización de canciones del folclore patriótico norteamericano, como resalta el siguiente pasaje del Comisionado Brumbaugh: "In almost every city of the island and at many rural schools, the children meet and salute the flag as it flung to the breeze. The raising of the flag is the signal that the school has commenced and the flag floats during the entire session. The pupils then sing *America, Hail Columbia, Star Spangled Banner*, and other patriotic songs. The young minds are being molded to follow the example of Washington. It is one of the gratifyng results so far achieved in our work."[13]

Hacia julio de 1900, al finalizar el gobierno militar, cerca del noventa por ciento de la ma-

[10] Cf. *Report of the Commisioner of Education, 1903,* pp. 194-95.

[11] Cf., Porrata, Oscar E., "Fundamento jurídico del sistema escolar puertorriqueño. Raíz y causa.", *Pedagogía,* Vol. I, Núm. 1, Junio de 1953, págs. 35 y ss.

[12] Orden General Número 205 de 7 de enero de 1900.

[13] Cf., Martin G. Brumbaugh, *Relación de los ejercicios patrióticos realizados en las escuelas públicas de Puerto Rico,* en Juan José Osuna, *A History of Education in Puerto Rico,* New York, Arno Press, 1975, pág. 135; cf., también, González Mercado, ante.

Escuela Modelo en San Juan. Colección AACUPR, circa 1910

Escuela pública. Colección AACUPR, circa 1900

trícula pertenecía a los grados primero, segundo y tercero; existían doscientos noventa y cinco maestros urbanos y doscientos ochenta y siete rurales y sesenta maestros norteamericanos, siendo la edad promedio del estudiante puertorriqueño de nueve años.[14]

1. La Escuela Normal Industrial.
   De Fajardo a Río Piedras.

Para la misma época (finales de 1899), la Junta Insular de Instrucción Pública hizo la oferta de una asignación anual de quince mil dólares al pueblo de la Isla que aportara igual cantidad de dinero para sufragar los gastos de una escuela normal.[15] Fajardo respondió aportando los quince mil dólares antes del 15 de agosto de 1899. La Junta de Instrucción Pública recomienda que se adquiera la plantación San Rafael del señor Manuel M. Baralt para establecer allí la Escuela Normal e Industrial. Así pues se construyó la Normal en dichos terrenos por el Cuerpo de Ingenieros del Ejército de Estados Unidos.

Dos años después, sin embargo, ante la falta de matrícula atribuida a lo complicado del acceso a Fajardo desde los diferentes puntos de la Isla, se decidió mover la Normal a Río Piedras, esto es, hacia 1901, por sugerencia del Comisionado Brumbaugh. Dado que la Ley Municipal impedía a Río Piedras comprar los terrenos donde radica-

ría la Normal, las tierras fueron adquiridas por el gobierno insular.

El Gobernador Allen, primer gobernador civil de la Isla, permitió que se utilizara la antigua Casa de la Convalecencia del Gobernador español, sita en Río Piedras, como sede provisional de la Normal. El 1 de octubre de 1901 abrió la Normal en dicho local, donde radicó hasta el 30 de mayo de 1902, cuando se mudó al edificio construido en los terrenos recién adquiridos, en los predios de lo que luego será la Facultad de Humanidades del Recinto de Río Piedras.

B. La Ley Foraker y el proyecto Lindsay:
   la filantropía, eje del desarrollo de los
   lands-grant coleges.

El marco jurídico en el que se desarrollará el proyecto Lindsay para la creación de la *University of Porto Rico* es el que le da la Ley Foraker aprobada el 12 de abril de 1900 y puesta en vigor en julio de ese año.[16] Bajo este nuevo ordenamiento se establece por ley del 31 de enero de 1901 el sistema de instrucción pública de Puerto Rico, en virtud de los poderes concedidos bajo la Sección 25, que establecía un sistema escolar altamente centralizado.[17]

---

[14] Cf., Osuna, ibid.

[15] Cf., González Mercado, pág. 42.

[16] 31 Stat. at L. 77, 56.Cong., 1a Ses., Cap. 191, 12 de abril de 1900.

[17] "Sección 25. Comisionado de Instrucción. Que el Comisionado de Instrucción vigilará la instrucción pública en toda la Isla, y todo desembolso por cuenta de la misma deberá ser aprobado por él; y llenará las demás obligaciones que prescriban las leyes, y

Escuela Normal, Fajardo. Colección AACUPR

Los poderes del Comisionado de Instrucción Pública van desde la designación de superintendentes de escuelas hasta la selección y compra de libros, aprobación de planos para edificios públicos destinados a escuelas, a la selección y reglamentación interna de las anteriores juntas de educación.

Fundamentalmente, la Ley de 31 de enero de 1901 daba al Comisionado la autoridad para cumplir con la legislación del Congreso de Estados Unidos, con lo que, en la práctica, se zanjaba la disputa en torno a los poderes plenarios del Congreso para legislar municipalmente para los territorios bajo la Sección 3 del Artículo 4 de la Constitución. Y la zanjaba en favor de la tesis de los poderes plenarios del Congreso. Puerto Rico tenía un estatuto constitucional bajo el cual podía el Congreso gobernarlo con miras a su eventual organización, la antedicha Sección 3 del Artículo 4 de la Constitución.[18]

La Ley Foraker manifiesta la intención de Estados Unidos de mantener a Puerto Rico como una posesión, dejando en suspenso la futura anexión del territorio.[19] Imponía el pago de contribuciones sin representación, estableciendo una fuerte centralización burocrática. Como ha señalado José Trías Monge, la ley obedecía a un proyecto norteamericano de administración colonial a la europea que, sin embargo, confrontaba la falta de una tradición colonial en Estados Unidos.[20] Una vez desaparece el furor público norteamericano causado por los primeros botines obtenidos en la Guerra Hispanoamericana, esta ausencia de atención a las colonias se empeora, pasando los asuntos coloniales a manos de funcionarios inexpertos, faltos de conocimiento y capacidad para la administración de los asuntos de las nuevas posesiones. En lo económico y lo político, Puerto Rico quedaba subordinado a las estructuras políticas y administrativas del gobierno norteamericano. El estatuto jurídico de la Isla quedará resuelto rápidamente por jurisprudencia del Tribunal Supremo de Estados Unidos durante los primeros años del siglo: Puerto Rico será un territorio no incorporado.[21] En lo ejecutivo, Washington retiene el poder de nombrar al Gobernador y a los Jefes de Departamentos, quienes, a su vez, tienen la potestad de nombrar al resto de los funcionarios. En lo legislativo, si bien es cierto que Puerto Rico obtuvo el poder para elegir una Cámara de Diputados, los proyectos de ésta quedaban supeditados al Consejo Ejecutivo compuesto por el Gobernador y un grupo de

---

pasará por conducto del Gobernador los informes que le exigiere el Comisionado de Instrucción de los Estados Unidos, los cuales se transmitirán anualmente al Congreso." 31 Stat. at L. 77, 56 Cong., 1a Ses., Cap. 191, 12 de abril de 1900, sección 25.

[18] "Section 3 - New States [...] New States may be admitted by the Congress into this Union; but no new States shall be formed or erected within the Jurisdiction of any other State; nor any State be formed by the Junction of two or more States, or parts of States, without the Consent of the Legislatures of the States concerned as well as of the Congress. [...] The Congress shall have Power to dispose of and make all needful Rules and Regulations respecting the Territory or other Property belonging to the United States; and nothing in this Constitution shall be so construed as to Prejudice any Claims of the United States, or of any particular State."

[19] Una extensa discusión sobre los antecedentes de la ley así como del historial legislativo puede encontrarse en Trías Monge, José, *Historia constitucional de Puerto Rico*, Río Piedras, Editorial Universitaria, 1980, págs. 186-272. También en Gould, Lyman, *La Ley Foraker: raíces históricas de la política colonial de los Estados Unidos*, Río Piedras, Editorial Universitaria, 1969.

[20] Cf., ibid., pág. 233-234.

[21] Sobre las producciones discursivas del "consenso", cf., Rivera Ramos, Efrén, "Self Determination and Decolonization in the Society of Modern Colonial Welfare State", *Postdata* núm. 4, 1992, s/p,. Sobre los casos insulares, cf., Trías Monge, opus. cit, pág. 235 y ss. cf., también Rivera Ramos, Efrén, *The Legal Construction of Identity. The Judicial and Social Legacy of American Colonialism in Puerto Rico*, Washington, American Psycology Association, 2001.

págs. < 8 / 9

[salas]

Escuela Normal en medio de una finca frutera. Colección AACUPR, circa 1902

once miembros nombrado por el Presidente de Estados Unidos, reteniendo el Congreso el poder para legislar municipalmente para Puerto Rico y anular cualquier ley aprobada localmente. El Presidente controlaba, igualmente, la rama judicial mediante el nombramiento de los jueces del Tribunal Supremo. Para Puerto Rico quedaba una reducida función legislativa directamente sometida a la aprobación de los poderes norteamericanos y a las elecciones en los municipios, los cuales gozaban de ínfimos poderes.[22]

Fue en ese cambiante clima que Samuel McCune Lindsay, Comisionado de Instrucción Pública de Puerto Rico, en sustitución del doctor Brumbaugh, redactó, en el transcurso de unas cuantas semanas, el proyecto de ley para crear la Universidad, el cual debía ser estudiado, aprobado y sometido al Consejo Ejecutivo, leído y considerado en un breve lapso antes de la firma del Gobernador.[23]

¿Cómo llegó a cristalizarse tal proyecto, frustrado históricamente durante varios siglos, en el escaso lapso de aquellas dos semanas de finales de febrero y comienzos de marzo de 1903? Antes de pasar a examinar el proyecto y la ley en que se convirtió, será interesante retratar a este importantísimo personaje de la historia reciente puertorriqueña. Probablemente nadie ha intervenido en nuestra historia reciente más significativa y fugazmente que Lindsay.

Sociólogo de Pennsylvania, Lindsay fue nombrado por Roosevelt para sustituir a Brumbaugh el 12 de febrero de 1902. Su formación era en sociología, y había realizado estudios en Pennsylvania, Viena, Roma, París, doctorándose en la Universidad de Hallen en Alemania.[24] En 1904 Lindsay terminó su labor en Puerto Rico para regresar a ocupar su puesto como catedrático de Sociología en la Universidad de Pennsylvania. Todavía volverá dos veces más a la Isla: en 1925, para la conmemoración del vigésimo quinto aniversario de la creación del sistema de instrucción pública, y en 1958, para el quincuagésimo quinto aniversario de la universidad por él fundada.

De 1901 a 1902 se desempeñó como presidente de The American Academy of Political

---

[22] Cf., Trías Monge, opus. cit., págs. 233-234. Los códigos penal (1879) y civil (1889) puestos en vigor en la Isla bajo la colonia española, son sustituidos o simplemente rescritos en rápidos movimientos legislativos por comisiones integradas en su mayoría por funcionarios norteamericanos. Cf., Nevárez-Muñiz, Dora, "Desarrollo histórico del derecho penal en Puerto Rico", en *Derecho penal puertorriqueño. Parte general,* San Juan, Instituto para el Desarrollo del Derecho, 2000, págs. 23-68; Muñoz Morales, Luis, *Reseña histórica del Código civil de Puerto Rico,* San Juan, Editorial de la Universidad de Puerto Rico, 1947. Sobre las vistas públicas con miras a la reforma del código civil, realizadas por un influyente comisionado del Presidente McKinley, cf., Gil, Carlos, "La presencia del "otro" en la fuentes materiales del Derecho: Henry K. Carroll y el Derecho de familia puertorriqueño", 36 Rev. Jur. U.I.P.R. 461 (2002).

[23] De conformidad con lo estatuido en la reciente Ley Foraker (31 Stat. at L. 77, 56_.Cong., 1a Ses., Cap. 191, 12 de abril de 1900), el poder legislativo de la Isla se componía de una cámara baja (Cá-

mara de Diputados) electa por sufragio popular masculino, y un Consejo Ejecutivo nombrado por el Presidente de Estados Unidos con el consejo y consentimiento del Senado Federal. Este Consejo tenía las funciones de un senado o cámara alta, y a él pertenecían los miembros del gabinete del Gobernador y cinco puertorriqueños, la minoría; su asentimiento por mayoría absoluta era imprescindible para la aprobación de las leyes. Cf., Trías Monge, opus cit., Vol. I, pág. 221 y ss.

[24] Cf., González Mercado, opus. cit., págs. 54-55.

and Social Science, de Pennsylvania, una entidad corporativa, fundada en 1889 para enlazar los esfuerzos teóricos y prácticos en los campos de la política, la economía y las ciencias sociales. En ese puesto lo sucedió Leo S. Rowe, también profesor de la Universidad de Pennsylvania, quien ocupó dicho cargo hasta 1930.[25]

Sin embargo, el trazo más ilustrativo del retrato de Lindsay es su estrecha participación en los grupos filantrópicos correccionales asociados a la formación de la Columbia University School of Social Work.[26] Recordemos que, a partir de la Guerra Civil, se forman los llamados State Boards of Charities and Corrections bajo diversos nombres: The Associations for Improvement of the Conditions of the Poors (AICPs), Charity Organization Societies (COSs), Children´s Aid Societies, State Children´s Home Societies, entre otras. Dos acontecimientos impulsan estos programas de asistencia filantrópica en Estados Unidos: el congreso de la American Social Science Association de 1865 y la National Conference of Charities and Corrections de 1877, que comienzan a modelar la profesionalización de la filantropía (concepto elaborado por la academia norteamericana hacia la década de 1890) en el contexto de una generalización de un orden disciplinario en las instituciones (charities and correction).[27]

Lindsay participó, igualmente, en las actividades preparatorias de la escuela, y podemos ver su nombre figurar en el programa del Third Annual Session of the Summer School in Philanthropic Work auspiciado por la Charity Organization Society de la ciudad de Nueva York. El Seminario se celebró del 18 de junio al 28 de julio de 1900 y el mismo dio un gran impulso a la creación de la Escuela de Trabajo Social de la Universidad de Columbia y a la propia profesionalización del trabajo social como disciplina. La sesión animada por Lindsay se titulaba: "Institutional Care of Adults"[28] Su biografía intelectual prueba la hipótesis foucaultiana de la sincronía y común procedencia genealógica del Discurso de

---

[25] Cf., http://www.1891.org/history/main_02.htm?aicc_sid=& aicc_url=tracking.asp [visitada por última vez el 10 de noviembre de 2002]. Rowe fue un importante jurista norteamericano marcadamente conservador que había pertenecido a dos comisiones encargadas de las revisiones de los códigos de Puerto Rico. Sobre la participación de Rowe en dichas comisiones, cf., Nazario Velasco, Rubén, *Discurso legal y orden poscolonial. Los abogados de Puerto Rico ante el 1898,* Río Piedras, Decanato de Estudios Graduados e Investigación UPR y Publicaciones Puertorriqueñas, pág. 267 y ss.

[26] Sigo el ensayo de Alfred J. Kahn, "Themes for a History: The First Hundred Years of the Columbia University School of Social Work", http://www.columbia.edu/cu/ssw/events/ajkahn/#fn0 [visitada por última vez en 12 de noviembre de 2002].

[27] Las instituciones caritativas de la isla se conciben más bien como cárceles-asilos, donde sobreviven enfermos mentales, niños, delincuentes comunes, como muestra este pasaje de una inspección realizada por Francisco de Goenaga del Manicomio, relatando el caso de Francisca Reyes Verdejo, completamente cuerda, que fue confundida con la loca Cristina Benítez. A la muerte de Benítez, ésta es enterrada con en el nombre de Francisca, lo que hace que la cuerda, Francisca, presa por delitos comunes, tenga que vivir

como la loca, diagnóstico que se confirmaba cada vez que exigía que se le devolviera su identidad, la de una muerta. (Cf., Goenaga, Francisco R., *Desarrollo histórico del Asilo de Beneficencia y Manicomio de Puerto Rico,* San Juan, Cantero, Fernández y Compañía, 1929, pág. 29, cit. en Abrevaya, Elda, *La locura como pasión. Freud, Lacan, Winnicot, Foucault,* Río Piedras, Postdata, 2000, pág. 47 y ss.). Cabe destacar aquí las instituciones caritativas creadas durante la dominación española en Puerto Rico, como la Casa de Beneficencia, fundada en 1844, sostenida con fondos mixtos del gobierno, producto de multas, impuestos sobre artículos, licencias de villares y bailes, y donativos privados. (Cf., Rivera Rivera, Antonia, *El Estado Español y la beneficencia en el Puerto Rico del siglo XIX,* Santo Domingo, Cuervo Dorado, 1995, pág. 30 y ss.) Existieron, además, otros proyectos filantrópicos privados con apuntalamiento del gobierno como la Casa de Caridad y Oficios de San Ildefonso (c. 1860), encargada de la educación y asilo de niñas; las Conferencias de San Vicente de Paúl o el Asilo de Párvulos. Una lectura del Reglamento General de Beneficencia de la Isla de Puerto Rico creado por real Orden del 1 de agosto de 1868), nos muestra, sin embargo, el carácter altamente burocratizado de los proyectos de beneficencia en Puerto Rico, dentro de una trama administrativa cuyo propósito, al parecer, es amarrar bajo la autoridad del Gobernador de la Isla los conatos espontáneos de organización civil. (Cf., Rivera Rivera, opus cit., pág., 86 y ss.).

[28] Otras sesiones fueron "The Practice of Charity", de Edward Devine, quien será el primer decano de la Escuela de Trabajo Social de la Universidad de Columbia hacia 1907 y quien fue sustituido en dicho decanato por el propio Lindsay; "The Cause of Criminal tendencies among Boys", por James B. Raynolds, "The Care of Delinquent Children", de Glendover Evans, "The number and location of foreing populations in Manhattan and Bronx", por Kate Holliday; "The care of Contagious", del doctor George R. Keene, Superintendente del Hospital de Enfermos Mentales, ponencia que fue seguida por una visita al Manhattan State Hospital de Ward Island y al Laboratorio Municipal... Las sesiones se complementaban con visitas a diferentes establecimientos de caridad y reformatorios newyorkinos tales como la House of Refuge, el Orphan Asylum, las escuelas del East Side y el Bellevue Hospital.

Entrada al Campus. Anuario de la Universidad de Puerto Rico, circa 1918

los Derechos del Hombre, la generalización de las disciplinas y el espíritu correccional y ortopédico de la filantropía y las Ciencias sociales así como las aplicaciones del nuevo paradigma médico-político en Puerto Rico.[29]

Apoyado en tan importante expediente académico, Lindsay fue nombrado para ocupar la Comisaría de Instrucción Pública. Pero además, esta figura altamente cualificada del campo pedagógico da muestras de la importancia que en Estados Unidos se dio al desarrollo de una educación modernizadora del territorio.

C. La ley Lindsay para establecer la *University of Porto Rico* y enmendar el artículo 923 del Código civil de Puerto Rico

El proyecto-ley Lindsay debe leerse conjuntamente con los dos estatutos federales ya mencionados: el Acta Morril del Congreso del 2 de julio de 1862 y su enmienda, del 30 de agosto de 1890, en el marco de la expansión económica al Oeste, la adquisición de nuevos y vastísimos territorios, y los problemas del poblamiento y la necesidad de mano de obra diestra que tal expansión representaba.

Comencemos diciendo que la amplia red de los lands-grants colleges se estableció en plena Guerra Civil norteamericana, por iniciativa de Justin Morril al Congreso y firmada por el Presidente Lincoln en 1862.[30] El acta proveyó recursos para el financiamiento de colegios y universidades en los estados y territorios mediante la venta de terrenos públicos previamente cedidos a éstos.

La antedicha Acta Morrill establecía: 1) el traspaso de la titularidad de terrenos públicos que no fueran de valor minero a cada estado o territorio; 2) la separación para la venta a entes privados de dichas tierras; 3) el compromiso de los gobiernos locales de que los gastos relaciona-

dos con dichos traspasos de titularidad, contribuciones y manejo serían por cuenta de dichos Estados o territorios; 4) que el dinero obtenido por la venta de dichos terrenos sería invertido en la compra de acciones cuyo rendimiento no fuera menor del cinco por ciento de su valor par; 5) que el capital de dichas acciones integraría un fondo perpetuo; 6) que los intereses obtenidos de dichas inversiones se usarían por cada estado o territorio para el sostenimiento de un colegio de agricultura y artes mecánicas. Las condiciones para la concesión de tierras eran: 1) que toda disminución de los fondos de capital perdidos o por cualquier causa reducidos serían repuestos por el estado o territorio; 2) que cualquier cantidad de intereses percibidos podrían ser usados para la obtención de terrenos cuyo fin fuera la creación de fincas experimentales debidamente autorizadas por la legislatura de cada estado; 3) que en ningún caso los intereses recibidos serían usados para la erección, reparación o mantenimiento de edificios; 4) que los estados que solicitaran las concesiones de tierras debían establecer los colegios en un lapso no menor de cinco años, so pena de tener que entregar los terrenos concedidos por el Gobierno federal; 5) los estados o territorios deberán remitir informes anuales sobre los progresos de cada colegio, sobre cualquier experimento realizado en los mismos incluyendo una estadística sobre las condiciones industriales y económicas del estado o territorio; 6) que los estados levantados en rebeldía contra la Unión estaban excluidos de los beneficios del Acta; 7) que los gobernadores de los estados deberían enviar un informe anual al Congreso sobre las tierras vendidas hasta la venta total de los lotes y sobre las sumas que se percibieron por concepto de la venta. Un elemento importante de los land-grant colleges era la obligatoriedad de la enseñanza en ellos de ciencias militares.

Más particularmente, el perfil de estos land-grants colleges quedaba prístinamente establecido en la sección 4 del Acta:

---

[29] Cf., Foucault, Michel, *Historia de la locura en la época clásica*, sobre estos desarrollos en Puerto Rico, cf., Abrevaya, Elda, opus. cit.
[30] 12 Stat. at. L. 503, 37_ Cong. 2 Ses.Cap. 130, 2 de julio de 1862.

[...] to the endowment, support, and maintenance of at least one college where the leading object should be, without excluding the scientific and classical studies, and including military tactics, to teach such branches of learning as are related to agriculture and the mechanics arts, in such manner as the legislature of the States may respectively prescribe, in order to promote the liberal and *practical education of the industrial classes* in the several pursuits and professions in life.[31]

En 1890 otra ley del Congreso ofrece un nuevo apoyo a las universidades creadas por el Acta Morril mediante el incremento de veinticinco mil dólares anuales en las aportaciones del gobierno federal y el aumento anual de mil dólares por diez años que sería utilizado exclusivamente para el pago de instructores en agricultura, artes mecánicas, inglés y las áreas de matemáticas, física, ciencias naturales y economía con especial énfasis en la aplicación práctica.[32]

El Acta no sería concedida a aquellos estados que mantuvieran distinciones de raza entre los requisitos de admisión.[33] Se aceptaba, sin embargo, la existencia de colegios separados para negros, pero en ningún caso los colegios para negros podían recibir trato discriminatorio al momento de distribuir los fondos obtenidos por efecto de la aplicación del Acta de 1862. Las legislaturas de los estados y territorios deberían informar al Secretario del Interior sobre el reparto equitativo de los fondos entre colegios de blancos y negros; aunque el colegio para negros no se hubiera esta-

blecido con fondos provistos por el Acta Morril.[34]

Dicho lo anterior, pasemos a ver cómo se implantó en Puerto Rico nuestro propio land-grant college.

1. El historial legislativo

Fue dentro de esta tradición republicana y abolicionista de los land-grant colleges que Lindsay presentó el Proyecto de Ley número 20, el 2 de marzo de 1903 en el Consejo Ejecutivo, bajo el título: "A Bill to Stablish the University of Porto Rico". En una escueta nota del 4 de marzo, la prensa informaba del evento: "Mr. Lindsay presentó un proyecto de ley para establecer la Universidad de Puerto Rico. Se ordenó fuese impreso." Acompañaban la escueta nota dos noticias, con titulares más destacados: "Robo de un caballo en Yabucoa" y "Robo de una potranca".[35] Este desconsolador destaque nos da idea de la frialdad y, como veremos, hostilidad con que era recibida nuestra primera universidad por muchos puertorriqueños. Para un país que nunca tuvo una (si se descuenta los esbozos de ella del Colegio Seminario Conciliar de 1832) esta fría recepción resultaba incomprensible, a no ser que penetremos en la mentalidad insularista, antimoderna de la

---

[31] 12 Stat. at. L. 503, 37_ Cong. 2 Ses.Cap. 130, 2 de julio de 1862, énfasis suplido.

[32] 26 Stat. at. L. 51 Cong. 1 ses.Cap. 841, 30 de agosto de 1890.

[33] "Provided, That no money shall be paid out under this act to any State or Territory for the support and maintenance of a college where distinction of race or color is made in admision of students, but the stablishment and maintenance of such colleges separately for white and colored students shall be held to be a compliance with the provisions of this act if the funds received in such State or Territory be equitably divided as hereinafter set forth." 26 Stat. at. L. 51_ Cong. 1 ses.Cap. 841, 30 de agosto de 1890, section 1.

[34] Para una crítica de los land-grants universities y el tema de la filantropía, véase: Powell, John A., and Spencer, Marguerite L., "Remaking the Urban University for the Urban Student: Talking About Race", 30 Conn. L. Rev. 1247, donde se expresa que: "It is important to note that philanthropy also foster this early growth. Contingents grants, primarily from the Carnegie Foundation, were awarded to institutions of higher learning provided they met certain requirements –requirements that created a tension between the goal of educating the masses and the goal of preserving academic rigor. In order to receive Carnegie money, a college had to demand that its applicants pass a high school course made up of 16 "Carnegie units" of 120 classroom clock hours for each subject. Subjects were defined by a College Entrance Examination Board which was voluntarily created by comrades of Andrew Carnegie. All of this standardization culminates in the creation of a "lead system" of colleges that determined, and continues to determine, the academic hierarchy. Colleges serving poor and minority students -as urban universities tended to do- were given short shrift. (...) the entire system, despite the push toward educating the masses, ensured the "continuance of a structure of institutional inequality." (pág. 1255)

[35] *La Democracia,* 4 de marzo de 1903, pág. 2.

José Celso Barbosa

Dr. Manuel McCune Lindsay

intelligentia criolla que veía la modernizacón y la ilustración del país una inminente pérdida de sus privilegios y por tanto, un debilitamiento de los fundamentos del aparato de las desigualdades, basao en el discurso de la hacienda, la mentalidad agraria y el clientelismo.

Sea por lo que sea, fue bajo tan caballerescos auspicios que el proyecto fue leído dos veces por su título y se ordenó su traducción al español, por lo que fue referido entonces a la Comisión de Imprenta. De ahí pasó a la Comisión de Educación a la cual pertenecía Lindsay.[36] El día 10 de marzo esta comisión informó que no había hecho enmiendas; se pasó entonces a la Comisión en Pleno.[37] El día 11 de marzo la Comisión en pleno informó que se habían hecho enmiendas.

La Comisión en Pleno (el propio Consejo Ejecutivo) realizó veintisiete enmiendas, de las cuales nos interesa destacar tres:

1. una primera enmienda relacionada con el título del proyecto, de carácter procesal, que insertó, después de las palabras "Puerto Rico" las palabras "para enmendar el artículo 923 del Código civil de Puerto Rico, y para otros fines". Aparentemente, Lindsay había pasado por alto que uno de los mecanismos de financiamiento que proponía para la nueva corporación pública, –percibir las herencias vacantes a falta de heredero legítimo–, requería una enmienda del Código civil. Esta importantísima enmienda planeaba sobre la agria disputa de esos años en torno a la libertad para testar.[38] La ley finalmente estableció que las herencias vacantes, aquellas resultantes de la inexistencia de testamento, herederos forzosos o cualquier otro tipo de herederos en línea ascendente o descendente, pasarían a un "Fondo de Universidad". (Aspecto que, como cuestión de hecho, se mantiene en nuestro ordenamiento).[39]

---

[36] Seguimos la investigación de González Mercado, opus. cit., págs. 56 y ss.

[37] William S. Willoughby, Tesorero de Puerto Rico, había propuesto que el Consejo Ejecutivo en pleno se convirtiera en comisión para atender los proyectos en segunda lectura. La composición del Consejo Ejecutivo, hacia marzo de 1903, era la siguiente: William H. Hunt, Gobernador; Charles Hartzell, Secretario de Puerto Rico; Presidente; James S. Harlan, Fiscal General; William F. Willoughby, Tesorero; R. Garrison, Auditor; William H. Elliot, Comisionado del Interior; Samuel M. Linsay, Comisionado de Educación; José. C. Barbosa, José Guzmán Benítez, José Gómez Brioso, Rosendo Matienzo Cintrón y Andrés Crosas. Cf., *Estatutos Revisados, 1902, Gobierno de Puerto Rico*.

[38] Véase una interesante discusión sobre el tema en Nazario Velasco, opus. cit., pág. 283 y ss.

[39] Art. 912 Derecho de sucesión del Estado Libre Asociado. (31 L.P.R.A. sec. 2691): "[…] A falta de personas que tengan derecho

2. Una segunda enmienda fue presentada en la línea 6 de la página 2, relacionada con el candente y central asunto de quién habría de retener el control sobre la nueva corporación, si los norteamericanos o los puertorriqueños. Mediante la enmienda se eliminó la palabra "cuatro" y se sustituyó por la palabra "seis" para aumentar el número de miembros de la Junta de Síndicos; se añadió después de la palabra "más" las palabras "uno de los cuales será el Speaker de la Cámara de Delegados", lo cual imponía la presencia de dicho funcionario puertorriqueño electo en la Junta de Síndicos.

3. En la página 5 línea 6 se eliminaron las palabras "para cuyo sostenimiento" y se sustituyeron por la palabras "que será sostenido con asignaciones anuales por" (la Legislatura de Puerto Rico). Con esta enmienda el Consejo Ejecutivo enviaba un claro mensaje a los delegados puertorriqueños sobre su obligación respecto del financiamiento de la Universidad.[40]

El proyecto fue aprobado unánimemente por el Consejo Ejecutivo. La Cámara de Diputados, sin embargo, introdujo una enmienda: que el presidente de la corporación lo fuera el Speaker de la Cámara de Diputados. Así quedaba trabada la controversia entre ambas cámaras. Para discutir el asunto, el Consejo Ejecutivo nombró una Comisión de Conferencia, compuesta por el propio Lindsay y el doctor Barbosa; por la Cámara de Diputados fueron José Gordils y Juan Guzmán Benítez. La Comisión de Conferencias finalmente decidió recomendar que el Speaker de la Cámara de Diputados fuera uno de los miembros fijos de la Junta de Síndicos. Es decir, había vencido en la controversia el punto de vista norteamericano, quedando como Presidente honorario de la Junta de Síndicos el Gobernador y como Presidente el Comisionado de Instrucción Pública, nombrado por el Presidente de Estados Unidos. Aprobado así por ambas cámaras, el proyecto pasó a la firma del Gobernador Hunt.

El periódico *La Democracia*, lejos del delirante entusiasmo con que recibiera la inauguración de la Normal, de apenas unos meses antes, editorializa en términos bastantes fuertes contra el proyecto vinculándolo a las plutocracias isleñas: "El proyecto de establecer un centro universitario en Puerto Rico ha llenado de júbilo a los que se pegan de esos progresos, más aparentes que efectivos, de puro lujo, cuando el país siente y requiere necesidades más perentorias, de mayor utilidad y provecho. (…) Vengan las instituciones benéficas; hospitales, cocinas económicas, cuando facilite a las clases desheredadas los medios de subsistencia y les proporcione relativo bienestar, librándolas de los horrores de la miseria, del abandono y del hambre. (…) Y, como en tiempos de España, tendremos el caso de que mientras las familias pudientes no se ocupaban de dar a sus hijos una instrucción adecuada y científica para que ejercieran el comercio o se dedicaran a la agricultura o a las industrias, conforme los adelantos de la época, y con los consentimientos que para ello se requiere, seguirán el camino trazado por la rutina, enviándolos a la Universidad, para que tengamos una plaga de abogadillos y mediquillos sin empleo ni clientela, en daño y perjuicio de los verdaderos intereses materiales del país."[41]

---

de heredar, conforme a lo dispuesto en los precedentes subcapítulos, heredará el Estado Libre Asociado de Puerto Rico, destinándose los bienes al "Fondo de la Universidad". (Enmendado en el 1952, Const., art. IX, sec. 4)"

[40] Sobre las tensas relaciones entre el Gobernador y las cámaras legislativas bajo la Ley Foraker y la génesis de una burocracia de Estado en Puerto Rico, cf., Gil, Carlos, "Gozar del poder", especialmente la sección 'El estado tardoburocrático y la censura clean', en *Postdata*, núm. 15, 2000, págs. 16 y ss.

[41] Editorial del día 11 de marzo, un día antes de la aprobación de la ley, bajo el pseudónimo de Cortadillo, (*La Democracia*, 11 de marzo de 1903, pág. 4.). La universidad se interpreta como una institución benéfica que, sin embargo, sólo beneficiará a los ricos. Gran paradoja. El New York Times publicaba la siguiente nota: "The project of a University of Porto Rico attracting much attention in San Juan and the Island. Dr. Samuel McCune Lindsay of Philadelphia, Commissioner of Education of Porto Rico, has introduced in the Executive Council of Porto Rico, of which he is a member, a bill establishing such an institution. Commissioner Lindsay´s Bill provides that the university shall consist of a normal department to be known as the Insular Normal School for the training of public school teachers; an agricultural and Mechanical department for the

Para muchos, ya, se agotaba el "presupuesto de ilusiones";[42] otros, aún, pensaban en la Universidad como un gran regalo que, a fin de cuentas, poco importa quién la "gobierne" o qué fines persiga con tal de que finalmente exista. Y así las cosas, el proyecto fue finalmente firmado por el Gobernador Hunt en 12 de marzo de 1903, como mostrará el historial legislativo de la ley.[43]

2. Propósitos y objetivos de la University of Porto Rico

En la exposición de motivos de la ley, Lindsay establece que:

Session 2: That the University thus established shall provide the inhabitants of Porto Rico as soon as possible with the means of acquiring a thorough knowledge of the various branches of literature, science, and useful arts, including agriculture and mechanical trades and with professional and technical courses in medicine, law, engineering, pharmacy and the science and art of teaching.[44]

Véase que Lindsay establece dos órdenes distintos de prioridad: uno, que equipara ciencia y literatura, y otro, por jerarquía de importancia de las dependencias universitarias, tal como luego establece taxativamente en la sección 8.[45] En esa sección, en efecto, la prioridad es la Normal, luego le seguiría el Colegio de Agricultura y Artes Mecánicas, y así sucesivamente, en un listado en el que el departamento de Artes Liberales ocupa el cuarto lugar en importancia. Resulta obvio que la equiparación entre literatura y ciencia se hace para adecuar la exposición de motivos con los propósitos expresados por el Morril Act, "[…] to promote the liberal and practical education […]"[46]

En segundo lugar, será importante destacar la dogmática fundacional:

(…) such and institution would contribute largely to making the Island better known, not only in the United States, but in Latin America and Europe. Students will flock to it from every land; its professors will contribute to the advancement of knowledge, and will, as you yourself have so able shown, powerfully contribute to the solution of some of the most pressing problems of the New World.[47]

La idea panamericanista ya estaba tomando forma aquí mediante esta interesante metáfora visual: Porto Rico debía ser visto como una muestra de la modernización y el progreso. Pero además, *Porto Rico* sería una especie de tierra de experimentación, lugar apenas contaminado por esos problemas del nuevo mundo, capaz de ser convertido en centro de producción de soluciones.[48]

Un pasaje de Susan D. Huntingdon, una anónima Principal de la Escuela de Práctica, res-

---

training of teachers and for the natural sciences and engineering; a department of liberal arts; a department of law; a department of agriculture and such other departments as the Board of Trustees may be able to stablish". *The New York Times*, March 24, 1903, page 5; en, González Mercado, opus cit., pág. 60.

[42] Tomo la expresión de Nazario Velasco, opus. cit., pág. 13.

[43] Véase el texto complete de la ley en el Apéndice A.

[44] LPR 1903, pág. 94-95.

[45] "The University shall consist of the following departments to be organized in the order of their importance as soon as the necessary funds may be available […] (1) A Normal Department […] (2) An Agricultural and Mechanical Department […] (3) A Department of Natural Sciences and Engineering […] (4) A Department of Liberal Arts […] (5) A Department of Medicine […] (6) A Department of Law […] (7) A Department of Pharmacy […] (8) A Department of Architecture […] (9) A University Hospital. (10) And such other departments germane to a well equipped Univer-

sity as the Board of Trustees may from time to time be able to stablish."

[46] 12 Stat. at. L. 503, 37 Cong. 2 Ses.Cap. 130, 2 de julio de 1862.

[47] Cf. *Report of the Commisioner of Education, 1903*, pp. 194-95. Cf., González Mercado, ante, pág. pág. 55.

[48] Curiosamente, la metáfora del monasterio en semi aislamiento frente a la barbarie del mundo exterior es elaborada por Luis Muñoz Marín en la década del cuarenta. Cf., Carlos Gil, *El cerco de la metáfora. Poéticas jurídico políticas puertorriqueñas. 1898-2002*, Postdata/Decanato de estudios Graduados e Investigación Universidad de Puerto Rico, 2001.

catado del *Report of the Commissioner of Education de 1903*, nos ilustra la ilusión con que muchos norteamericanos asumieron la dura tarea de educar una población sometida por cuatrocientos años de dominio colonial español, uno de los regímenes más antidemocráticos y despóticos de Occidente:

> In passing by one of the rural schools near the pueblo a short time ago I encountered a great crowd gathered about the door. Quietly dismounting I stood on the outskirts of the group to see what attracted their attention. A little fellow in the classes was reading a humorous extract from the day lesson, and he so entered the spirit of his work and with such excellent expression and such perfect mimery [sic] that the audience outside applauded and stayed interestedly until the close of the work of the class. This was a rural school, and I am pleased to say in behalf of our faithful workers that we have many such in the district.[49]

Es obvio que estos pedagogos norteamericanos vieron con mucha ilusión sus primeros pasos en la Isla, confiando en que una educación ilustrada y que propiciara los estilos democráticos podrían hacer grandes transformaciones. Volvamos a la Ley de la Universidad de 1903 sin perder de vista este presupuesto de ilusiones, en cuyo seno nace nuestra universidad.

3. Primera corporación pública

Tal como fue creada por el Comisionado de Instrucción Pública, la Universidad es la primera corporación pública creada en Puerto Rico, tal como estatuye la sección 4 de la ley:

> The Board of Trustees shall constitute a body corporate under the name of "The Trustees of the University of Porto Rico" with the right as such suing and

El peor, sin embargo, de los efectos de la fabula de marginalidad de la ley neoncionalista fue la infantilidad del sujeto puertorriqueño. Niños permanentemente no tendríamos que asumir responsabilidades, podríamos mantenernos inimputables eternamente y gozar de un estado paradisíaco a lo Peter Pan en el país del Nunca Jamás.

---

[49] *Report of the Commissioner of Education, 1903*, pág. 164.

"A liberal Arts and Pharmacy group". Catálogo de la Universidad de Puerto Rico, 1922-26.

been sued, of making contracts, of making and using a common seal, and altering the same, of holding and transferring property both real and personal for the University.[50]

[50] LPR 1903, pág. 95. Sobre las juntas de síndicos como cuerpos rectores de las universidades públicas vale la pena señalar algunos puntos: Las universidades norteamericanas fundadas bajo la colonia inglesia (Harvard, William and Mary, Yale, Princeton, Brown, Kings College, Rutgers y Dartmouth) son entidades creadas al amparo de denominaciones religiosas. Una vez obtenida la independencia de la Trece Colonias, las universidades estatales se establecen a partir del siglo XVIII como corporaciones públicas, no sectarias, por imperativo constitucional. Ello les confería una relativa libertad para realizar su función educativa, a la vez que les imponía la responsabilidad rendir cuentas ante un doble tribunal: ante sus propias juntas de regentes y ante la opinión pública. El modelo corporativo de las universidades públicas norteamericanas, que pretendía tener una relativa libertad del poder político y legislativo, cede, sin embargo, en Puerto Rico, ante los elementos partidistas de dichas juntas de síndicos que, aunque compuestas por ciudadanos particulares, son nombrados por el poder ejecutivo, resultando ser la Universidad una especie de zona de abordaje de los partidos triunfantes, gracias precisamente al mecanismo diseñado para impedirla, el mencionado cuerpo de regentes y la figura de

Nacía una persona jurídica autónoma, muy en la tónica de las Juntas Escolares Municipales a que antes hicimos referencia. Pero la novedad era doble: las corporaciones públicas, entidades creadas por el estado pero con autonomía en áreas esenciales (poder cobrar por servicios, adquirir propiedad, demandar y ser demandadas, ofrecer servicios públicos, etc.,) era una instituta relativamente novel en nuestro ordenamiento. Es por ello, seguramente, que incluso hasta mediados del siglo 20 se mantuvo latente la discusión en torno a la legalidad, a la constitucionalidad del régimen jurídico que creaba la universidad.

la corporación pública. En el historial legislativo de la ley Lindsay pueden verse entonces los signos de nacimiento de las posteriores sucesivas juntas de síndicos de la Universidad como campos de batalla, promesa y patrimonio de los partidos.

4. El financiamiento,

"...a falta de heredero legítimo..."

El esquema de financiamiento de la Universidad debería seguir estrictamente el esquema Morril: 1) un Fondo de Universidad y 2) un Fondo Permanente, como muestra la siguiente tabla:

Esquema para el financiamiento de la Universidad

La filantropía (Sección 8)	Establece que será deber de la Junta de Síndicos recurrir a la filantropía de los ciudadanos puertorriqueños y de los Estados de la Unión para recabar donativos.
Fondo de Universidad (fondos para gastos corrientes, reparación de edificios, etc., Sección 13.)	1. Los bienes caducos por falta de herederos legítimos (por enmienda del Artículo 923 del Código civil que lee ahora: "A falta de persona que tenga derecho a heredar conforme a lo dispuesto en las precedentes secciones, heredará el Pueblo de Puerto Rico, destinándose los bienes al ´Fondo de Universidad´".); 2. el cincuenta por ciento de todas las multas impuestas por los tribunales de Puerto Rico e ingresadas a la Tesorería insular; 3. derechos procedentes de todas las franquicias o los privilegios que concede el Consejo Ejecutivo, y que se designen para el Fondo de la Universidad; 4. los saldos no invertidos al finalizar cualquier año económico, de fondos asignados por la Asamblea Legislativa al Departamento de Instrucción;
Fondo Permanente (Sección 14)	1. el veinticinco por ciento del producto de todas las ventas de terrenos públicos de Puerto Rico (según la sección 4 del Morril Act); 2. todo excedente del veinticinco por ciento de lo producido por dichos terrenos públicos que dispusiese la Asamblea legislativa se destine especialmente a la Universidad. Dichos fondos serán invertidos en valores fiduciarios y sólo el setenta y cinco por ciento del rédito de dicha inversión podría utilizarse para el pago de gastos corrientes, construcción de edificios o gastos corrientes; el restante veinticinco por ciento se reinvertirá en el principal en las mismas condiciones que la inversión primitiva;
Dotación de los terrenos y fondos de la Normal (Sección 15)	3. Otorgación de cincuenta acres de tierra, con todos su edificios, de la Escuela Normal Insular junto con la transferencia del presupuesto de dicha Escuela Normal a la Universidad.

Tabla 1 Esquema de financiamiento de los lands-grants colleges

A los dos fondos se añadían las donaciones de filántropos,[51] la concesión de terrenos y edificios ocupados por la Normal, bajo la administración del Departamento de Instrucción Pública, y todo presupuesto sobrante de dicho Departamento al finalizar cualquier año económico. Un esquema de financiamiento que presuponía una activa participación ciudadana, de gran flexibilidad y multisectorial. El carácter de corporación pública le permitía generar sus propios negocios, cabildear y preparar sus propias campañas de obtención de fondos. Así, esta nueva criatura creada por fiat legislativo podía nutrirse de una gran variedad de aliemento: de los fondos sobrantes de otra entidad del estado (el Departamento de Instrucción Pública), de las herencias vacantes por falta de heredero legítimo, de los terrenos públicos pertenecientes al Pueblo de Estados Unidos, de la filantropía de personas, entidades y gobiernos ("gifts and the bequests of money, books, buildings and equipment"), de lo que el propio gobierno "may have given".

---

[51] LPR 1903, pag. 97: "Section 8: The University shall consist of the following departments to be organized in the order of their importance as soon as the necessary funds may be available and it shall be the duty of the Board of Trustees to appeal to the philanthropy of public spirited citizens of Porto Rico and of the several states of the United States for gifts and the bequests of money, books, buildings and equipment for this purpose in addition to such financial assitance as the Government of Porto Rico may have given or may give the University for its endowment (...) "

B. Universities of Maine, Porto Rico, and Hawaii; los aires de familia.

Cómo no somos únicos, cómo nos engañamos.
— Juan Ramón Jiménez

En la siguiente tabla pueden apreciarse los signos comunes de la fundación de tres land-grants colleges:[52]

Como puede apreciarse, existe una similitud incluso en los accidentes de los traslados de los establecimientos en los tiempos de los orígenes, como muestran las disputas por el emplazamiento de la Universidad de Maine y los traslados del College de Hawaii.

Tabla comparativa de tres land-grant colleges.

Land-grant	Eventos en su fundación	Modo de financiamiento	Composición de estudiantado y claustro
University of Porto Rico	12 de marzo de 1903 por disposición legislativa. Se muda dos veces antes de su ubicación definitiva en Río Piedras.	Fondos Morril-Hatch y fondos de la Legislatura de Puerto Rico.	Se matriculan para el primer curso de estudios de 1903, 173 estudiantes. Claustro: Paul G, Miller, Principal, Felipe Janer, Vice Principal, Domingo Rubio, José Janer Soler, Susan D. Huntington, Elizabeth F. Hall, Miss. Gottlieb y Miss. Test.
University of Hawaii	marzo 25 de 1907, por disposición legislativa. Se muda una vez antes de su ubicación definitiva. Se funda "to offer instructions in Agriculture, Mechanic Arts, and the natural sciences, and in other branches of advance learning as the Board of Regents may from time to time prescribe."	Fondos Morrill-Hatch y fondos de la legislatura del Territorio de Hawaii.	Se matriculan 36 estudiantes entre julio y septiembre de 1908. Claustro de 12 profesores, dirigido por Jonh W. Gilmore (grado de Cornell). 21 de septiembre de 1868: primera clase de 12 estudiantes; no se aceptan mujeres hasta 1872).
University of Maine	Por disposición de la Legislatura en 1865 bajo el nombre de Maine State College of Agriculture and Mechanics Arts (aunque no es hasta 1897 que se convierte en University of Maine también por disposición legislativa). Se debatió su emplazamiento entre las ciudades de Orono y Thompson, emplazándose finalmente en Orono. La Estación Experimental Agrícola se funda en 1887 con fondos Morril-Hatch. Recibe hacia la década de 1900 la suma de $55,000.00 para la biblioteca.	Fondos Morril provenientes de la venta de 210,000 acres de terreno por la suma de $118,300.00 que producían $5,915.15 anuales en intereses utilizables para la institución. Legislatura estatal aporta $20,000.00, la ciudad de Orono y un comité de filántropos compran los terrenos para el emplazamiento y los equipos básicos por la suma de $25,000.00.	

Tabla 2 Comparación del proceso de creación en tres lands-grants colleges.

[52] Sobre la Universidad de Hawaii, cf., Hamilton, Thomas H., *University of Hawaii. Land-Grant for the Pacific.* Princeton, The Newcomen Society in North America, 1964; sobre la Universidad de Maine, cf., Hauck, Arthur A.*, Maine's Univerity and the Land-Grant Tradition,* Princeton, The Newcomen Society in North America, 1954. Sobre la historia de los land-grant colleges véase el importante *Informe de la Universidad de Maryland, Moos, de Malcolm, Director, The Post-Land Grant University: The University of Maryland Report,* The Office of the University Publications, University of Maryland, 1981.

"...Without excluding the scientific and classical studies and including military tactics..."
Catálogo de la Universidad de Puerto Rico, 1917

D. Panorama de land-grant university en Puerto Rico hacia finales de la década de 1910

La Universidad se sustenta, hacia finales de la década, de los fondos Morril.[53] El resumen de la situación económica de la Universidad, al cerrar el periodo 1903 1908, así lo muestra. Veamos.

En primer lugar, el mismo año de 1908 el gobierno de Estados Unidos concede a la Universidad de Puerto Rico los beneficios de los fondos Morrill, y le asigna $50,000.00 al año para impulsar la enseñanza de las artes agrícolas, las artes mecánicas y las ciencias. Recordemos que según el Acta Morrill, los fondos provenientes de la venta de terrenos públicos sólo podrían utilizarse para el desarrollo de colegios de agricultura y artes mecánicas. Sin embargo, en la Universidad se decide utilizar estos fondos para la construcción del Colegio de Artes Liberales, en 1910, y no para la edificación del Colegio de Mayagüez.

En 1909 se reciben $30,000.00 para la construcción del Colegio de Agricultura y Artes Mecánicas. Como señala González Mercado: "Con esta nueva ayuda financiera los ingresos de la Universidad dependen de las siguientes fuentes: los fondos de las leyes Morrill-Hatch y el pago de matrícula, laboratorios y pagos misceláneos. (…) A pesar de la generosidad de la ley en proveerle fondos a la universidad debemos aclarar que no todas las partidas establecidas en la legislación para el sostenimiento de la Universidad le producen los ingresos deseados. Tomemos por vía de ejemplo el "Fondo de Reserva" creado por la ley. Según el informe del Comisionado de Educación de 1907-1908, este fondo no había dado el resultado que se deseaba a causa de que tres de las fuentes que lo nutrían habían producido, hasta este año, muy poco o nada. Primeramente, no

---

[53] ibid. 72-73.

se habían caducado bienes a favor del fisco, ni el Consejo Ejecutivo había designado nunca derechos procedentes de franquicias o privilegios para el Fondo de Universidad. Por otro lado, la sección relativa a la transferencia de los saldos no invertidos por el Departamento de Instrucción fue derogada el 3 de marzo de 1904. (…) De las fuentes del 'Fondo de Reserva' la única que, hasta el año 1908, había producido ingresos considerables fue las multas. Hasta el 30 de junio de 1908 la Universidad había recibido $65,688.41 por concepto de este renglón del llamado 'Fondo de Reserva'. (…) Con relación al 'Fondo de Universidad' las consignaciones anuales habían sido las fuentes más importantes de ingresos. Habían sido regulares y adecuadas al fin a que se destinaba, llegando en su totalidad a $168,940.00 durante los cinco años transcurridos desde 1903 a 1908 aunque sólo habían sido suficientes para el sostenimiento de la Escuela Normal, pero no para extender los demás departamentos de la Universidad."[54]

Véase algo de extrema importancia: el apoyo puertorriqueño a la universidad, prácticamente es inexistente y la Universidad tiene que depender casi exclusivamente de los fondos asignados por el Congreso, por virtud de la cláusula territorial de le permitía al Congreso, como antes visto, legislar municipalmente para los territorios. Los datos revelados aquí indican una cosa: no puede hablarse, ni mucho menos, de una supuesta empresa colaborativa norteamericana-puertorriqueña en la primera década de la universidad: no hay fondos provenientes de la filantropía, no hay bienes caducados en favor del fisco, esto es, no hay herencias vacantes adjudicables a la Universidad a falta de heredero legítimo, ni fondos provenientes de franquicias y privilegios otorgados por el Consejo Ejecutivo; en definitiva, el financiamiento de la Universidad va a depender del porciento adjudicable al Fondo de Universidad por concepto de multas y a los Fondos Morril-Hatch. Tal dependencia ataba a la Universidad a su condición de land-grant college y al azar de lo recaudado por concepto de multas, en segunda ionstancia.

Hacia finales de la década se han construido los edificios de la Normal, la Lechería modelo y la Escuela modelo, obras que signan los auspicios bajos los cuales fuera fundada la institución: la americanización y el desarrollo de las técnicas agrícolas con miras a la modernización de la Isla.[55]

---

[54] Cf., González Mercado, opus. cit, págs. 72-73.

[55] Cf., Moreno, María Luisa, *La arquitectura de la Universidad de Puerto Rico*, Río Piedras (Editorial de la Universidad de Puerto Rico, 2000, págs. 7 y ss.). Moreno parte de una metáfora orgánica de crecimiento por etapas o fases del desarrollo de un individuo humano. Así, "Los primeros pasos" (Capítulo I) correspondería a la etapa de 1903-23, en la cual la institución es como un niño que comienza a andar; unas etapas intermedias en las cuales el individuo ya camina, y un final, una madurez, que converge en el presente en que el individuo está maduro en sus funciones motoras. En nuestro diálogo con esta otra figura de la dogmática fundacional, leemos en el texto de Moreno una metáfora historicista de las superaciones, que dejan atrás las "etapas" anteriores, creando nuevas entidades en un desarrollo sucesivo de rupturas, modificaciones, reacomodos y encuadres que superan cuantitativa y cualitativamente los estadios previos. No habría por tanto signo o destino, posiciones u orden de filiación, sino ideales o anhelos que se cumplen debidamente o no se cumplen, dependiendo de ciertos actores y sus gestiones dentro del prioritario orden burocrático institucional. Así por ejemplo, la residencia de profesores: "Las razones por las cuales este proyecto no se construyó pueden haber sido varias: poca prioridad que tenía el problema de vivienda de profesores extranjeros ante otras necesidades apremiantes (…) (pág. 47) Claro, aquí lo interesante es explorar por qué no es prioridad, cuáles son los ejes organizadores de las "prioridades" institucionales que ya, desde sus inicios, mantiene a sus profesores visitantes en barracas con baños comunales: "En 1923 existían tres estructuras de madera en el área de la Finca, subdivididas en unos seis apartamentos para alquilar a profesores extranjeros; en su mayoría norteamericanos, que sumaban 35. Anteriormente, se mencionaba una barraca con apartamentos, que hasta 1920, contaba con baños comunales." *(Actas de la Junta de Síndicos de la U.P.R.,* 28 de noviembre de 1919, 20 de marzo de 1920, 22 de abril de 1922, en Moreno, opus. cit, pág. 45). ¿Por qué la vivienda de profesores extranjeros no es una "necesidad apremiante"? Es mucho lo que da a leer este orden de "prioridades", no sólo sobre las posiciones desde donde se dicen y organizan dichas "prioridades" sino del signo bajo el cual nacen y bajo cuya advocación se sostiene la Universidad. Para una lectura de la arquitectura del Recinto de Río Piedras de la Universidad de Puerto Rico organizada bajo la figura de un paseo, en la cual los elementos o motivos de la fábula mantienen una simultaneidad, más que un orden sucesivo en términos de superaciones, véase Colón, Eliseo, "… pared blanca, teja antoñona, ladrillo rojo, persiana verde…: Ciudad Universitaria de Río Piedras- Espacio, Espectáculo, Utopía", *(Postdata,* 2001, núm. 16, pág. 4-18.)

E. El nacionalismo cultural y su revisión de la historia de la Universidad

Uno de los más destacados personajes del nacionalismo cultural y que más influyó sobre la visión neonacionalista de nuestra universidad lo ha sido el Rector Jaime Benítez.[56] Vale la pena que nos detengamos a mirar la reformulación de los orígenes de la Universidad, su denodado intento de borrar el peso de la iniciativa fundadora norteamericana, para pasarla a manos puertorriqueñas.

Benítez, en efecto, fabulaba, todavía hacia la década de 1950, la narrativa de una universidad de dudoso estatuto constitucional, "… al margen de la ley".

En lo que puede denominarse la más lograda formulación de su tesis de la Universidad como *Casa de Estudios*, como supuesto fruto de una gran gesta del nacionalismo cultural puertorriqueño, así se expresaba el Rector con ocasión de su discurso inaugural durante la celebración del Cincuentenario de la Universidad mediante la siguiente fábula:

Esta Universidad es la primera institución creada al margen de la estrecha estructura gubernamental de la Ley Foraker. A cinco años del cambio de régimen, los puertorriqueños establecen la primera corporación pública de Puerto Rico; como tal, resulta ser *un instrumento jurídico de discutible constitucionalidad*. Se produce en la zona fronteriza donde concurren, para afectarse y modificarse recíprocamente, la ley estricta y las costumbres vigentes. (…) Es preciso tomar en cuenta la índole y el alcance de esta interacción entre lo que dispone el estatuto, lo que permite la cultura y lo que crean, modificando ambas, las personas que en un determinado momento tienen sobre sí la responsabilidad. Para interpretar lúcidamente la realidad puertorriqueña, hay que atender a *ese desarrollo al margen de la ley*, porque constituye un factor principal aunque a veces inadvertido del proceso histórico. (…) Este empeño ha contado en ocasiones decisivas con la cooperación de funcionarios norteamericanos de buena voluntad, que entendieron su tarea como obra de avanzada al servicio de los valores creadores más que a los términos literales de su mandato. (…) Por ejemplo: en 1903, el Comisionado de Instrucción, Samuel McCune Lindsay (…) a quien honramos hoy, (…) *al levantar la casa de estudios* de los futuros maestros, comprende la necesidad de dotarla de una cierta autonomía que, en principio,

---

[56] Nació el 29 de octubre de 1908 en Vieques, Puerto Rico. Abogado, educador, orador, ensayista, político, primer Presidente de la Universidad de Puerto Rico y Comisionado Residente en Washington. […] Hijo de Don Luis Benítez y Doña Cándida Rexach. Casado con Doña Luz Martínez. Procrearon tres hijos: Clotilde, Jaime y Margarita. […] Estudió Derecho en la Universidad de Georgetown en Washington D.C., donde también hizo la Maestría en Leyes. En 1939 obtuvo una Maestría en Artes en la Universidad de Chicago. De 1931 a 1941 fue profesor de Ciencias Sociales en la Universidad de Puerto Rico. […] En 1941 lo ascendieron a Catedrático Asociado. Un año más tarde lo nombraron Rector y en 1966 se convirtió en el primer Presidente de la Universidad de Puerto Rico hasta el año 1972. Durante ese tiempo se llevaron a cabo dos amplias reformas de la enseñanza universitaria, que incluyeron la creación de centros, divisiones, facultades y amplio sistema de becas. Realizó una meritoria labor que ha contribuido grandemente no sólo al desarrollo de dicha institución, sino al desarrollo en general de la educación en Puerto Rico. Fundó y dirigió la revista La Torre. Formó parte de la Asamblea Constituyente, encargada de la redacción de la Constitución del Estado Libre Asociado de Puerto Rico. […] En 1972 fue Comisionado Residente en Washington por el Partido Popular Democrático. Algunos de sus escritos son: *Political and Philosophical Theories of José Ortega y Gasset (1939), La reforma universitaria, Ética y estilo de la Universidad* y *La universidad del futuro*. Recibió varios doctorados Honoris Causa en Derecho por las siguientes universidades: Universidad Interamericana de Puerto Rico en San German (1950), Universidad de Nueva York (1960), Universidad de Fairleigh Dickinson (1961) y la Universidad Católica de Puerto Rico (1965). […] En 1993 recibió un homenaje en el Teatro de la Universidad de Puerto Rico. En 1999 la Asociación de Profesores Jubilados de la Universidad de Puerto Rico lo nombró Presidente Honorario. […] Murió el 30 de mayo de 2001 en San Juan, Puerto Rico. [Tomado de http://bibliotecavirtualut.suagm.edu/biblioteca%20y%20persona%20del%20mes/Personajedelmes/JaimeBenitez/JaimeBenitez.htm visitada por última vez el 10 de enero de 2011].

Cuadrángulo en construcción, circa 1939. Archivo Fundación Luis Muñoz Marín

lesiona los poderes omnímodos adscritos a su cargo. La Escuela Normal Insular, como núcleo principal de la nueva universidad, queda transferida de la oficina del Comisionado a la jurisdicción de una Junta de Síndicos integrada, entre otros, por representantes electos del país.[57]

Para Benítez, el cambio de régimen "produce" una "estrecha estructura gubernamental" a despecho de la cual los puertorriqueños, como zafándose de la estrechez, crean *su* universidad. Parece que el que hayan sido los puertorriqueños al margen de la ley, de la "ley estrecha", los que hayan creado esta institución, la marcaba con el signo de hibridez de su nacimiento: *corporación* y *pública*. De ese amasijo entre ley escrita (la estrecha ley que dicta la norma que no debe ser tomada demasiado en serio, aún cuando resulte ser de "dudosa constitucionalidad", qué importa) y costumbres nació, según el discurso neonacionalista, la Universidad, Casa de Estudios.[58]

Al cumplirse los cincuenta años de la fundación de la institución, Benítez quiere darle a ésta una genealogía (a lo que, naturalmente, tiene derecho, como cada quien): se trata de una institución híbrida, "nacida" de una estricta ley, inseminada por las savias criollas. En cierta forma, el evento mismo de la celebración de un aniversario atrae matrices metafóricas de marcado acento antropomórfico: nacimiento, desarrollo, primeros pasos, madurez, con las que se naturalizan eventos de carácter social, cultural y político.

El Comisionado Lindsay, en la fábula de Benítez, "cooperó" con el "empeño" criollo, inadvertido en el proceso histórico, para salirse de las redes de la ley estrecha por ciertos "resquicios". Los criollos han ido "rondando el estatuto" (la antedicha ley Foraker) para superar las realidades adversas. Y en todo ese rondar buscador de resquicios para evadir el estatuto, he aquí que Lindsay,

[57] "La Universidad de Puerto Rico: 1903-1953", *Pedagogía,* Vol. 1, Núm. 1, junio de 1953, pág. 10, énfasis suplidos.
[58] Véase Rivera Nieves, Irma, "La casa de la locura", en *Foucault.*

*La historia de la locura como historia de la razón, I*rma Rivera Nieves, Francisco José Ramos, Editores, San Juan, Postdata, Sociedad Puertorriqueña de Filosofía y Editorial Tal Cual, 2002, págs. 43-72, especialmente la nota 3, pág. 66; sobre la posición del Amo y la del saber en la Universidad de Puerto Rico, cf., también "Entre el patrimonio y la promesa: los discursos de la Universidad", *Postdata,* Núm. 16, 2001, págs. 51-64.

en un acto de autodesprendimiento, transfiere la Escuela Normal a la Junta de Síndicos integrada, entre otros, por representantes electos, por esos criollos que tan bien han sabido "rondar el estatuto".

Esta leyenda fundacional rezuma tristeza: la Universidad habría nacido bastarda, como un ejercicio de contravención o, al menos, desobediencia de la ley. Su ley es producto de un acto cooperativo de un norteamericano que, en contra de lo que hubiera sido un correcto cumplimiento, ayudó al alumbramiento clandestino de la criatura. Aún allí, en la Junta de Síndicos, los "representantes electos", parientes de la criatura, sus representantes ante la ley, deben, en cierta forma, mantener un discreto silencio ante el delito: sólo Lindsay, el "norteamericano cooperador de buena voluntad", entendió "su tarea al servicio de los valores creadores más que a los términos literales de su mandato".

Y es así que esta Universidad, nacida de un acto de contravención de la ley, mediante un acto de "dudosa constitucionalidad", fue figurada por el propio Lindsay, su padre putativo a falta de padre conocido, diseñando medios de financiamiento guiados por el discurso de la caridad y la filantropía: la Universidad sería una especie de huérfano carente de protección paterna.

Si volvemos por un momento al evento dogmático de la fundación, notamos una grieta en la construcción de este mito fundativo: existe, según la concepción neonacionalista, una falta de legitimidad en ella; hemos visto en su aparición, un prodigio: el nacimiento olímpico, por la frente de Lindsay, como Palas Atenea de la cabeza de Zeus. Este motivo completa el advenimiento prodigioso de la universidad por un sesgo en el cumplimiento con su deber de un funcionario cooperador.

El texto mismo indica el *lugar* hacia donde deberá dirigirse la exploración: desde el momento mismo de su concepción por *fiat* legislativo, la entidad quedó amarrada a un acto de ilegalidad que sólo puede sanar una enmienda del código civil, tal como disponía la ley Lindsay: "Para ocupar la posición del heredero, en caso de no haber herederos legítimos…". En efecto, la enmienda propuesta del Art. 923 del Código civil creaba el "Fondo de Universidad" para que, a falta de herederos legítimos, pudiera heredar, en sexto grado, la recientemente nacida criatura universitaria. Esta terrible advocación, que de una forma intuitiva captó Jaime Benítez cincuenta años después, hizo de la universidad un desarrollo *al margen de la ley*. La universidad, y esto es lo principal, ocupa un lugar que no le correspondería, no podía heredar porque no hubo expresión de la voluntad del testador ni acaso intención de tenerla como heredera.

Ironías de la historia institucional, pasando el tiempo, su espacio, *more geometrico,* será el del Cuadrángulo, la arquitectura subvencionada con los fondos de la PRERA y la PRRA en las décadas del treinta y cuarenta; la torre, con su elidido nombre *Franklin Delano Roosevelt,* sus edificios hispanófilos al estilo norteamericano de la época, su cúpula corporativa doblemente partidista y gubernamental, oficialista, su incipiente burocracia del saber.

Digamos que sólo mediante una reinvención del evento fundativo, puede Benítez decir de la Universidad que es una entidad creada por los puertorriqueños. Nosotros decimos: (re) creada. Se trataba, si se nos permite, de una especie de repudio a la inversa: son los hijos, en el cuento de Benítez y todo el nacionalismo cultural, son los hijos –decimos- los que repudian la filiación paterna. Como si dijeran: hemos nacido de nosotros mismos, sin genealogía, sin padres, y, en el inconsciente institucional, esta especie de maldición hace que al mirar al origen origen institucional sólo se advierta el vacío. Tal perversa fábula fundacional no era, sin embargo, privativa de muchos intelectuales puertorriqueños de mediados de siglo 20, sino que estaba bastante bien instalada en el discurso público. Cómo muestra la metáfora de la madre enferma de Albizu, o la casa sin reloj de René Marqués, o la importantísima metáfora de el barco sin brújula de Pedreira, o la idea de Puerto Rico como un sujeto al borde la locura, de Muñoz Marín.[59] Ese estilo de vida al margen de la ley era la manera de creación *ex nihilo* de los puertorriqueños: siempre con una dudosa reputación de marginalidad del orden, de la constitucionalidad, siempre viviendo un discutible carácter legal. Siempre por las ramas, por el re-creo. Creyendo ocupar el lugar del adulterino, del ilegítimo, del bastardo, del que no tiene filiación reconocida, pero que va en busca de ella. La telemaquiada (en la Odisea el muchacho Telémaco va buscando a su padre, Odiseo, para que vuelva a poner orden en el reino) como tema insistente, constitutivo de la escritura puertorriqueña: este es el triste y doloroso drama en que el neonacionalismo quiso y pudo poner la dogmática fundacional de nuestra universidad, hasta hoy. [60] El peor, sin embargo, de los efectos de la fabula de marginalidad de la ley neoncionalista fue la infantilidad del sujeto puertorriqueño. Niños permanentemente no tendríamos que asumir responsabilidades, podríamos mantenernos inimputables eternamente y gozar de un estado paradisíaco a lo Peter Pan en el país del Nunca Jamás.

Como he creído demostrar en este escrito, nada más lejos de la realidad histórica que la idea de que la Universidad se fundó al margen de la ley, o de que fueron esfuerzos aislados de los puertorriqueños los que produjeron esa fundación, en fin, nada más lejos de la realidad histórica que el supuesto carácter excepcional, único, advenedizo y extemporáneo de la Universidad. A riesgo de parecer reiterativo, diremos: la Universidad surgió por virtud de un acta congresional de 1862 denominado Acta Morril que, propició la fundación de decenas de universidades, colegios e institutos de agricultura y ciencias mecánicas, entre ellos, precisamente, el Colegio de Agricultura y Ciencias Mecánicas de Mayagüez, en 1913. Y en cuanto a la participación de puertorriqueños en la fundación, por supuesto que la hubo, después de todo este territorio no era simplemente un desierto de arena hacia 1903. Pero, si bien es cierto que algunos sectores pudieron acoger de buen grado la Universidad, el historial legislativo demuestra patentemente que la participación boricua se concentró en el entorpecimiento y la obstaculización del proyecto cuando no el siempre forcejeo por ver quién se quedaba con los curules de la novel corporación pública, cuando no al explícito intento de desacreditar públicamente o ridiculizar periodísticamente el Proyecto Lindsey equiparando la noticia de la radicación del mismo con la del robo de una yegüa, encuadre periodístico este que no podemos atribuir al simple descuido de editores de la talla de Luis Muñoz Rivera y su periódico *La Democracia*.

La Universidad de Puerto Rico no es, nunca fue, un gesto aislado de un grupo de heroicos bucaneros criollos apoyados por norteamericanos bienintencionados, como nos quiso hacer creer el nacionalismo cultural en boca de muchos de nuestros intelectuales. Fue, por el contrario, un acto de modernización del territorio encuadrado perfecta y rigurosamente en las mejores tradiciones democráticas norteamericanas y dirigido consciente y deliberadamente a la formación de clases profesionalmente capaces de generar una economía en pro del progreso y el bienestar de la población. Acto, por cierto, no exclusivo para Puerto Rico, sino para los estados de la unión y otros territorios como entonces Nuevo Mexico, Arizona, Colorado y Hawaii, lugares en los que hacia las mismas fechas (1862-1920) se fundaron universidades germanas a la nuestra.[61] Esfuerzo

[59] Cf., C.Gil, *Del tratamiento jurídico de la locura. Ptoyecto psiquiatrico y gobernabilidad en Puerto Rico*. San Juan, Postdata, 2009.

[60] Cf., Rivera Nieves, Irma, *Cambio de cielo. Viaje, sujeto y ley en Ledrú, Hostos y Rizal. San Juan,* Postdata/DEGI, 2000; cf., también Gil, Carlos, "La casa", *El cerco de la metáfora…*, ed. cit, págs. 166 y ss.

[61] En contra de la tesis de la singularidad, la marginalidad de la ley la excepcionalidad de la Universidad de Puerto Rico del neonacionalismo, véase el siguiente sucinto listado de lands-grants colleges y universidades fundadas por el Acta Morill de 1862 en adelante, el cual inluye las siguientes: Alabama (Alabama A&M University, Auburn University y Tuskegee University), Alaska (University of

encuadrado además a una eventual incorporación con plenitud de derechos y prerrogativas como estado federado, como demuestra el interés de los primeros pedagogos norteamericanos por la enseñanza del inglés, la posterior concesión de la ciudadanía americana a los puertorriqueños y el gradual y sistemático seguimiento de la constitución a la bandera mediante la aplicación de derechos constitucionales básicos a los ciudadanos norteamericanos de Puerto Rico.

Y es que nunca, en sus cuatrocientos años de su historia de sangre y despotismo, el dominio español sobre Puerto Rico siquiera atisbó la posibilidad de un proyecto similar; muy por el contrario, consistentemente contravino, entorpeció o simplemente declaró ilegal cualquier conato de los puertorriqueños en tal sentido.[62]

Cabe aquí decir que la búsqueda de la filiación, del origen, no ha sido una necesidad privativa de la Universidad de Puerto Rico; cada institución busca sus propios "padres", a su manera.[63] Uno de esos relatos fundacionales, el del nacionalismo cultural, creó la fábula de que el origen de la Universidad estuvo en un acto al margen de la

---

Alaska), Arizona (University of Arizona), Arkansas (University of Arkansas y University of Arkansas Pine Bluff), California (University of California), Colorado (Colorado State University), Connecticut (University of Connecticut), Delaware (Delaware State College y University of Delaware), District of Columbia (University of the District of Columbia), Florida (Florida A&M University y University of Florida), Georgia (Fort Valley State College y University of Georgia), Guam (University of Guam), Hawaii (University of Hawaii), Idaho (University of Idaho), Illinois (University of Illinois at Urbana-Champaign), Indiana (Purdue University), Iowa (Iowa State University), Kansas (Kansas State University), Kentucky (University of Kentucky y Kentucky State University), Louisiana (Louisiana State University y Southern University and A&M College), Maine (University of Maine), Maryland (University of Maryland at College Park y University of Maryland, Eastern Shore), Massachusetts (University of Massachusetts Amherst y Massachusetts Institute of Technology), Michigan (Michigan State University y University of Minnesota), Mississippi (Mississippi State University y Alcorn State University), Missouri (University of Missouri y Lincoln University), Montana (Montana State University System), Nebraska (University of Nebraska system), Nevada (University of Nevada, Reno), New Hampshire (University of New Hampshire), New Jersey (Rutgers, The State University of New Jersey, New Jersey Agricultural Experiment Station Office of Continuing Professional Education y Cook College), New Mexico (New Mexico State University), New York (Cornell University), North Carolina (North Carolina State University y North Carolina A&T State University), North Dakota (North Dakota State University), Ohio (The Ohio State University), Oklahoma (Oklahoma State University y Langston University), Oregon (Oregon State University), Pennsylvania (Pennsylvania State University), Puerto Rico (University of Puerto Rico at Mayagüez), Rhode Island (University of Rhode Island), South Carolina (Clemson University y South Carolina State University), South Dakota (South Dakota State University), Tennessee (University of Tennessee y Tennessee State University), Texas (Prairie View A&M University y Texas A&M University), Utah (Utah State University), Vermont (University of Vermont), Virgin Islands (University of the Virgin Islands), Virginia (Virginia Polytechnic Institute and State University Virginia State University), Washington (Washington State University), West Virginia (West Virginia University y West Virginia State University), Wisconsin (University of Wisconsin–Madison) y Wyoming (University of Wyoming).

[62] Sobre el tema véase el excelente ensayo de Irma Rivera Nieves, "El viaje y los caminos de la censura", *Postdata*, 2000, pags. 60-64. El ensayo se basa en las justificaciones del Gobernado Pezuela para ordenar la cancelación del proyecto de creación del Colegio Central, lo que sería nuestro primer centro docente a nivel universitario (si descontamos en antedicho esbozo de institución de enseñanza del Seminario Conciliar). He aquí sus expresiones, como muestra de la tónica despótica española con respecto, *inter alia*, la educación de la colonia: "En efecto, transcurridas apenas dos semanas desde su inauguración, se personaron ante el general Pezuela, con el objeto de recabar su ayuda para establecer el Colegio Central, los miembros de la comisión encargada de impulsar el proyecto, que había iniciado el padre Fernández Carballido, auspiciado por Arístegui y Prim, y para cuya ejecución, habían reunido, por suscripción popular, alrededor de treinta mil pesos. Pero el Marqués rechazó la solicitud, comentando, que la instrucción había perdido las Américas y que, como ella era materia que debía manejarse con sumo tacto, convenía que los que quisieran estudiar fuesen a España. Añadiendo, al objetarle los de la comisionados que a mayoría de los jóvenes no podía hacerlo por carecer de recursos, que los pobres tenían bastante con aprender a leer, a escribir, bastante doctrina cristiana y un oficio; pues, España, quería sus colonias, para su gloria y no para su perdición, es decir, para la conveniencia y utilidad de ella misma, no para la felicidad de los colonos [citas omitidas]. Mientras, ya luego, confirma o lo dicho con el hecho, dictaba una orden, 16 de octubre (1848) repudiando oficialmente el proyecto del Colegio Central y prescribiendo la devolución de las sumas recaudadas. [citas omitidas]" Cruz Monclova, Lidio, *Historia de Puerto Rico*, Tomo I, Editorial UPR, Río Piedras, 1979, pág. 287.

[63] En su "Informe para una academia", Kafka, narra la historia de un mono, convertido en hombre, al que se le pide un informe sobre su propio origen. "Si el lenguaje de un informe para una academia requiere simplificación, propiedad, sentido, claridad ¿cuál es el lugar del lenguaje figurado en el Informe para una academia de Kafka? y por otro lado, si el pedido de la academia concierne el origen del mono, ¿cómo responder a esa demanda cuando se pierde el origen, cuando se trabaja para borrar el origen, tal como lo dice Peter el Rojo, puesto que es la condición para poder ser humano?" Negrón, Mara, "De la animalidad no hay salida", (*Postdata*, núm. 16, 2001, pág. 43), sobre la condición de circularidad metafórica de toda indagación sobre el origen.

ley, en un cierto clandestinaje, que la Universidad fue alumbrada, por así decirlo, a las sombras de las murallas, a las afueras. En nuestra investigación, luego de desenterrarla de la espesa capa de humus neonacionalista, vemos una institución creada al amparo de una legislación federal, germana de decenas de otras instituciones de desarrollo de estados y territorios, nacida para el servicio, el desarrollo e los estándares de vida, educativos y profesionales de amplias capas de la población, especialmente las más desprotegidas.

Para ilustrar lo antes dicho, bástenos sólo recordar una anécdota: Cuando en 1913 Luis Muñoz Rivera, aquel bajo cuya edición periodística apenas 9 años antes se colocaba la fundación de la Universidad en igual rango que el robo de una yegüa, cuando Muñoz Rivera -decimos- visitó por primera y última vez la Universidad antes de partir a ocupar su cargo como Comisionado Residente en el Congreso de Washington, fue delirantemente ovacionado por los universitarios en el Salón de Actos de la Normal. Salió de allí firmemente convencido de la importancia de la nueva gesta fundadora, como pronto demostraría su gestión ante el Congreso. Como muestran los avatares de nuestro primer Comisionado Residente con la burocracia federal, uno de los primeros esfuerzos de aquel flamante representante fue el de conseguir diez mil dólares para la Universidad, que se añadieran a los treinta mil percibidos anualmente por las leyes Hatch-Morril.[64] Por eso, el camino de la clase política criolla, como ilustra la gestión de Muñoz Rivera, no estuvo dirigido a la supuesta generosidad filantrópica de lo puertorriqueños, a gestos fundadores dal margen de la ley ni demás sarandajas del discurso neoterritorial, sino a la obtención de fondos federales, legítimos por demás, para una criatura congresional como era la Universidad.

Por eso la fundación de la Universidad se vinculaba, y se vincula desde entonces, a un acta del Congreso firmada por el Presidente Lincoln en aquellos aciagos días de la Guerra de Secesión.

Bástenos señalar que todavía en 1917 la suma recibida por la Universidad por virtud de su condición de land-grant university superaba a las recibidas como asignaciones de la legislatura de Puerto Rico.[65]

III. CONCLUSIÓN: LOS VARIOS NOMBRES DE LA UNIVERSIDAD.

Si como afirma Pierre Legendre, toda fundación contiene un elemento mítico, la ficción de la fundación, en este escrito he querido abordar la fundación como efecto de la dogmática del discurso social.[66] En ese catálogo de dogmáticas fundacionales podemos mencionar la doblemente hispanófila y nacionalista que construyó un origen basado en el alma puertorriqueña y los afanes ancestrales por una Universidad Auténticamente Nuestra; la Universidad de la Hacienda y los Apellidos Ilustres; la Universidad Casa de Estudios; como también la Universidad de Ciencias y Tecnología Iluminada por el Grado Uno de Instituciones Doctorales según la Fundación Carnegie, o la reciente Universidad de la Information Age.

Si toda fundación se pretende originaria remitiendo a la dogmática (al acto incuestionable de construcción de un mito), también supone la censura de lo que Nietzsche llamó "los bajos fondos" de todo evento fundativo. Quedan entonces el signo, las figuras, las metáforas bajo los cuales se construye la ficción de la fundación, los sobre-entendidos de un acto que lo hacen ser legítimo, comprensible, legible. Envueltos en ellos, en los pliegues de estas metáforas que permiten el acto dogmático de la fundación, ocurren los sucesivos repliegues o arracimamientos de figuras a que las metáforas originarias daban lugar. Así "margen", "heredero ilegítimo", "filantropía", "de tiempo en tiempo", "dudosa constitucionalidad", "corporación pública".

---

[64] Cf., González Mercado, opus. cit., pág. 142.

[65] Cf., González Mercado, ibid.

[66] Cf., especialmente *El inestimable objeto de la transmision. Estudio sobre el principio genealógioco de Occidente*. Siglo XXI, 1996.

Pensar en el evento de la fundación de la Universidad como un acto de transgresión del orden; en la Universidad como la depositaria de un episodio de caridad del Estado, fue parte del discurso neonacionalista, discurso que encarnaba el proyecto cultura del Estado territorial puertorriqueño desde su fundación en 1952 y aún antes. Antes, porque como vimos, en tan adelantada fecha como 1927 ya Géigel Polanco, personaje en extrema importante de la articulación del discurso neonacioanalista expresaba que la finalidad de la Universidad era la de encarnar un proyecto nacionalista cultural.

Pero, y he aquí lo más importante: para torcer los verdaderos acontecimientos históricos de su fundación, los neonacionalistas tuvieron que darle una genealogía bastarda a la Universidad, convertirla en una especie de hijo adulterino del Estado, en fin, colocarla al *margen de la ley*. Nada, sin embargo, más lejos de la verdad histórica: ni fue un engendro bastardo como quiso Benítez, ni fue fruto de una acto de piratería criolla apoyado por renegados norteamericanos, ni nació en contravención de la Ley Foraker ni de ninguna otra. Fue, por el contrario, la posibilidad de legislar municipalmente para los territorios en virtud de la cláusula territorial lo que permitió germanar nuestra Universidad con muchísimas otras universidades en ciernes y asegurarle los fondos Morril-Hatch para su subsistencia.

Constatar el hecho de que como institución pertenecemos a un inmenso y poderoso conglomerado de otras universidad y colegios, al día de hoy más de 200, nacidos al amparo de la misma voluntad de progreso, bienestar y desarrollo pensada, articulada, luchada y deseada mucho antes del nacimiento institucional, debe hacernos perder ese atávico espíritu melancólico fruto de la falsa, equivocada y perversa mentira de nuestra supuesta bastardía institucional. El hecho de que, en esta inmensa sociedad de universidades, la nuestra sea una de las mejor preparadas, más desarrolladas y activas, simplemente nos debe llenar del más auténtico y desbordante orgullo.

Y para finalizar, preguntamos: ¿ha dejado de ser la *University of Porto Rico* el land-grant college bajo el cual fuera concebida? Una nueva política de la reparación en Puerto Rico exigiría que recociéramos que en realidad la Universidad es aquel viejo land-grant que se remontaría al buen senador Justin Morril y a Abraham Lincoln, o incluso a la universidad jeffersoniana al servicio de la República, tanto como la casa de nuestras más preclaras clases intelectuales, de nuestros cuadros profesionales más educados y productivos; que la Universidad es una importante plataforma de expresión, un laboratorio de experiencias de desarrollo académico y semillero de discursos sociales, culturales y políticos, tanto como la sede de programas de enseñanza de las artes militares. En fin, un cuerpo en cuya superficie están inscritas esas y todas las universidades que vinieron después, con sus respectivas dogmáticas fundacionales: la Casa de Estudios y la Universidad de la Hacienda, Fundación Dale Carnegie y el Land-Grant University.

Y en la que por supuesto hay, (o debería haber), espacio para todos. ✳

Pablo Rubio, *La brecha verde viaje al Tibet*

PABLO RUBIO SEXTO

Nace en 1944 en San Juan de Puerto Rico. Es un destacado artista nacional e internacional. Posee una Maestría en Artes de la State University of New York en Buffalo y un Bachillerato de Artes Plásticas con concentración en escultura, de la Escuela de Artes Plásticas adscrita al Instituto de Cultura Puertorriqueña. Entre sus obras se encuentran: *Estrella del Norte*, donde impera el diseño horizontal, con su juego de arcos y movimientos atrevidos, (610' de largo por 116' de ancho por 60' de alto), desarrollando una idea innovadora de parque en la PR 5 en Bayamón (terminada en el 2008). Su obra *Universo del Hombre*, es un domo de acero inoxidable, cristal y luz (37'X 6"X 24') suspendido a una altura de16', se encuentra en el vestíbulo de Galería Towers en San Patricio. La escultura *Símbolos de la Justicia*, con un tamaño de 12' de alto X 20' de largo inaugurada en éste año en la nueva sede del Tribunal de Apelaciones, crea un nuevo precedente por ser la primera vez que se instala en un tribunal una pieza de arte público contemporánea. Ha recibido múltiples premios y reconocimientos a nivel local e internacional. Actualmente se desempeña como Catedrático de la Universidad de Puerto Rico.

"Violent Femmes"

Mailyn C. López Badillo
Abogada

"Violent Femmes" = Mujeres = Féminas ¿Violentas? Confieso que el término lo tomé prestado del nombre con el que se conocía una banda de "rock" en el oeste de los EU iniciados los 90. La primera vez que lo escuché, me encontraba cursando mis primeros años universitarios y por distintas razones, ya en esa época, había estado expuesta al elucubrante mundo de los entuertos sociales. Y aunque dudo mucho que los señores Féminas Violentas tuvieran siquiera alguna preocupación social respecto a cualquier otra cosa que no fuera su planteamiento de estridencia musical, el nombre en cuestión se ha quedado conmigo por muchos años, no tanto por su semántica sino por lo que representa.

Actualmente, en mis pensamientos de realismo mágico social concibo que, bien, las "Violent Femmes", pudiera ser el nombre con el que se bauticé a un grupo de lucha armada de mujeres, cansadas ya de tanta violencia social contra ellas y del parsimonioso efecto que tienen los discursos, las campañas publicitarias y las banderas.

Pero, la realidad es que los o las "Violent Femmes" ni son un grupo de mujeres de armas tomadas, ni ya tampoco son una banda de "rock". Sin embargo, son palabras que, voy a tomar prestadas para definir lo que a mi entender, es una modalidad de violencia, que surge de un no tan nuevo discurso, al cual sin oposición, como veremos más adelante, hemos aceptado y adoptado. Un discurso que se distingue porque surge nada más y nada menos, que de mujeres contra mujeres (nada que ver con la canción de Mecano), y al cual llamo "violencia intra-femenina".

La violencia intra-femenina es un tipo de violencia, pasiva, agresiva, sicológica, emocional o moral, que se manifiesta como maltrato contra una mujer, de parte de otra mujer. A modo de ejemplo, es aquella que vemos plasmada y plagada en las telenovelas y programas en donde las féminas se maltratan física y sicológicamente unas a otras. Violencia de la cual todos somos cómplices, y que fomentamos cada vez que nos sentamos frente al televisor a inundarnos el cerebro de personajes caricaturescos que satirizan la realidad del ser mujer. De cenicientas sin cenizas, pero con "stilettos" que parten espaldas. De víctimas de las circunstancias de las desgracias del desamor, como único objetivo de vida. De lloronas modernas con exceso de maquillaje que no se corre. Mata Haris contemporáneas, por casualidad. Y de cuerpos rellenos de sustancias apretujadas entre piel y huesos, y de estructuras óseas estremecidas por las muchas agresiones de hombres con bisturí.

Se me ocurre pensar que para nuestra desgracia estas son, o pudieran ser los y las "Violent Femmes" del siglo XXI. Grupos que solapadamente entran a nuestros hogares con permiso, por demasiadas horas, generando un cambio social,

Pablo Rubio, *Encuentro en tiempo y espacio*, 1988 (Seúl, Corea).

pero violento y con violencia. Nada que ver con las causas adelantadas por distintos grupos feministas en los últimos treinta años en nuestro país, con los discursos de equidad, de paz, de la concienciación social respecto a las causas femeninas (que no excluyen al masculino). De las luchas contra el discrimen, de la obtención de mejores condiciones laborales, de la solidaridad mujeril, y sobre todo del respeto hacia nosotras mismas.

Hace rato perdí la cuenta de cuantas veces en los avances de telenovelas que duran solo 30 segundos se maltratan las mujeres, física y sicológicamente, el otro día conté siete bofetadas. Cinco eran de mujeres hacia mujeres, las otras dos hacia hombres. ¿Estaremos ante el preámbulo de un machismo al revés?

Mientras tanto, en el mismo universo, paralelamente, mujeres y hombres gastamos y nos desgastamos en tiempo, energía y cuantías enormes en campañas y legislaciones que tal vez funcionen, tal vez no, respecto a la violencia masculina contra las mujeres.

Creo que si fueran grupos organizados nos estarían ganando la batalla. Desde la jueza que no es jueza, hasta las telenovelas "univisioneras" de mujeres "Usurpadoras, Acorraladas en un Mundo de Fieras", que con total inconsciencia, pero mucha consistencia se meten en nuestros hogares todos los días durante demasiadas horas. Caricaturas que representan féminas "sumisas", "victimas manipuladoras", "histéricas", que generan cambio social, sí, un cambio pasivamente agresivo, al cual hemos desarrollado demasiada tolerancia.

Me parece que es momento de renovar discursos, de crear discursos nuevos y de revisar planteamientos para atemperarlos a la realidad femenina y no necesariamente feminista de este nuevo siglo.

Mientras tanto me sigo preguntando: "¿Cómo pretendemos erradicar la violencia contra las mujeres de parte de nadie, cuando alentamos y aceptamos la violencia entre nosotras mismas?" ✳

El alcance de la ley para el bienestar y la protección integral de la niñez

Yessica M. Guardiola Marrero
Abogada

Probablemente usted

haya escuchado el adagio popular que dice: "los niños(as) no vienen con un manual de instrucciones", en relación a la manera en que debe ser su crianza. Esta es una de las áreas que pretende atender la Ley Núm. 177 del 1ro. de agosto de 2003, "Ley para el Bienestar y la Protección Integral de la Niñez", según enmendada, al disponer en su Artículo 16 que: "durante el embarazo y luego del nacimiento de cada infante, los hospitales públicos y privados, en coordinación con los Departamentos de la Familia y de Salud, deberán ofrecer a sus padres y madres orientación sobre la prevención de maltrato y/o negligencia…" y asigna al Departamento de la Familia el deber de establecer "Escuelas para la Convivencia y la Crianza" en todas sus oficinas locales.[1] Así mismo la Ley 177, supra, crea dentro de dicha agencia el Centro Estatal de Protección a Menores, adscrito a la Administración de Familias y Niños, encargado entre otras cosas de un Registro Central de Casos de Protección; una Línea Directa para Situaciones de Maltrato; una Oficina de Servicios Interagenciales e Interestatales;[2] una Junta de Coordinación Multisectorial;[3] un Panel de Revisión de Muertes;[4] y en cada Región una Junta Revisora de Planes de Permanencia para los casos de menores colocados fuera de su hogar.[5] Estas son sólo algunas de las responsabilidades que le atribuye dicho estatuto a las agencias gubernamentales, para prevenir y atender el maltrato y negligencia hacia los menores de edad. Nos parece que, sobre todo en el área de prevención, en la medida en que el Gobierno cumpla a cabalidad con la implantación de las disposiciones establecidas en esta legislación podremos ver una disminución en los casos de maltrato de menores, toda vez que en muchas ocasiones estos son el resultado del ejercicio inadecuado de la disciplina.

Como parte de los esfuerzos interagenciales que exige la Ley 177, supra, para prevenir y manejar el maltrato de menores, asigna responsabilidades específicas además de las agencias antes mencionadas, a el Departamento de Educación, la Administración de Servicios de Salud Mental y Contra la Adicción, el Departamento de la Vivienda, la Policía de Puerto Rico, la Administración de Corrección, la Administración de Instituciones Juveniles y la Corporación de Puerto Rico para la Difusión Pública.[6]

---

[1] Ley Núm. 177 del 1ro. de agosto de 2003, "Ley para el Bienestar y la Protección Integral de la Niñez", según enmendada, Artículo 15

[2] Ley 177, supra, Artículo 7 (a), (b) y (d)

[3] Ley 177, supra, Artículo 9

[4] Ley 177, supra, Artículo 10

[5] Ley 177, supra, Artículo 11

[6] Ley 177, supra, Artículo 6 (a), (c), (d), (e), (f), (g) y (h)

La política pública establecida en esta Ley propone un nuevo enfoque ante el maltrato de menores, fundamentado en 4 premisas básicas:

1. La infancia y la adolescencia deben ser comprendidas y atendidas en su condición de persona integral, en su entorno familiar y comunitario, siempre que no le sea perjudicial.

2. Las familias con el apoyo de la comunidad, diferentes sectores sociales y del Estado, tienen el deber de procurar la seguridad, bienestar y la protección de la niñez y la adolescencia. El Estado ofrecerá y coordinará con eficiencia y sensibilidad, servicios de apoyo para las familias, por lo que se reafirman las responsabilidades de la crianza y convivencia sin violencia.

3. La prevención de la violencia en las familias y el maltrato de menores es un imperativo social que involucra a toda la sociedad.

4. Las desigualdades socioeconómicas tienden a aumentar la vulnerabilidad de la niñez y sus familias ante la violencia.[7]

La pieza legislativa visualiza el ejercicio de *parens patriae* del Estado como la obligación de velar por la seguridad, mejor interés y bienestar de los menores, aún en asuntos que antes se entendían como privados de la familia. El Tribunal Supremo de Puerto Rico, en *García Santiago v. Acosta*, 104 DPR 321 (1975) delineó los parámetros de las prerrogativas del Estado al intervenir en el ámbito familiar, señalando que: "En la organización democrática organizada alrededor de los derechos fundamentales del hombre, el Estado ha de reducir a un mínimo su intervención con sensitivas urdimbres emocionales como lo son las relaciones de familia. La intromisión en la vida privada sólo ha de tolerarse cuando así lo requieran factores superantes de salud y seguridad públicas o el derecho a la vida y a la felicidad del ser humano afectado. No menos exige la Constitución del Estado Libre Asociado al declarar que la dignidad del ser humano es inviolable,…el poder de *parens patriae* debe dirigirse en su máxima plenitud a fomentar la integridad de la familia y propiciando aquellos sentimientos de amor, de seguridad y de existencia feliz que fluyen naturalmente en el hogar donde se nace…No obstante lo dicho, habrá ocasión en que el Estado para preservar valores superantes, como el derecho a la vida, por excepción ha de intervenir con la integración formativa de la familia."[8] El Tribunal Supremo de Estados Unidos en *Santosky v. Kramer*, 455 US 745, (1982), dispuso que antes de el Estado privar a un padre o madre de la patria potestad, debe probar mediante el debido proceso de ley que ello se justifica bajo prueba clara y convincente. El criterio de preponderancia de prueba no es consistente con el riesgo que significa una determinación errónea de parte del Estado en un procedimiento de esta naturaleza.

Dentro del procedimiento establecido por la Ley 177, *supra*, para intervenir con situaciones de maltrato infantil, se enfatiza en que el Estado debe realizar esfuerzos razonables dirigidos a apoyar a los maltratados, rehabilitar a los maltratantes y reunificar la familia, antes de iniciar un proceso de privación de custodia o patria potestad, siempre que sea este el mejor bienestar del menor. Por otra parte, ningún esfuerzo de apoyo a las familias deberá colocar en riesgo de maltrato o de violencia a los menores o a otros miembros de las familias.[9]

El término "esfuerzos razonables" es fundamental en la implantación de la Ley 177, *supra*, el mismo "significa todas aquellas actividades y servicios que se ofrecen al padre, a la madre o persona responsable de un/a menor y a los propios menores dentro y fuera del hogar, en coordinación con entidades públicas y privadas, para garantizar su seguridad y bienestar. Estos esfuerzos van dirigidos a proteger al menor, a proteger al adulto no maltratante, a educar al maltratante y a mantener el ambiente en que el menor se desenvuelve lo más inalterado posible como las metas de los pro-

---

[7] Informe para la Conferencia Consultiva del Plan Nacional para la Prevención del Maltrato a Menores, Secretariado del Departamento de la Familia, 20 de abril de 2007, pág. 19

[8] *García Santiago v. Acosta*, 104 DPR 321 (1975), págs. 324 - 325
[9] Ley 177, *supra*, Artículo 1

cesos de ayuda a la familia y lograr una alternativa permanente de ubicación cuando no sea posible la reunificación familiar.[10] El término máximo que se establece para realizar esfuerzos razonables dirigidos a la reunificación familiar, luego de que un menor haya sido removido de su hogar, es de 6 meses. Este es el término de tiempo en que se debe celebrar una vista de disposición final del caso. Sin embargo, se provee para que los servicios de apoyo continúen luego de ubicado el menor de manera permanente.[11] Toda decisión disponiendo el regreso del menor al hogar, deberá estar sustentada con un informe, realizado por un trabajador social, psicólogo o siquiatra debidamente licenciado en Puerto Rico. El Tribunal podrá imponer sanciones o citar a vista de desacato según sea el caso, si el Departamento no presenta el informe antes mencionado.[12]

El estatuto busca preservar la unidad de la familia hasta el máximo de las posibilidades saludables para el menor y enfoca el problema de la violencia familiar como uno integral, proveyendo para que: "cuando el Departamento [de la Familia] identifique un adulto víctima de violencia y no maltratante en la familia del menor maltratado o bajo sospecha de maltrato, procederá a ofrecerle directamente o mediante coordinación, servicios de apoyo y protección encaminados a propiciar su seguridad y bienestar. Cuando ese adulto víctima de violencia y no maltratante sea padre, madre o adulto responsable de la crianza de ese menor, el Departamento realizará todos los esfuerzos necesarios para propiciar su seguridad y bienestar, como parte del esfuerzo de protección del menor. Siempre que sea posible se mantendrán unidos a los adultos no maltratantes con sus hijos/as o menores dependientes."[13] Especifica además que, un menor es víctima de maltrato si el padre, la madre o persona responsable del menor ha incurrido en…conducta constitutiva de violencia doméstica en su presencia.[14] En cuanto al aspecto punitivo la Ley Núm. 151 de 4 de agosto de 2008, enmendó la Ley 177, *supra*, con el propósito de igualar las penas a que estará sujeta una persona que viole una orden de protección expedida bajo la misma, para que se asemejen a las establecidas para la violación de las órdenes de protección bajo la Ley para la Prevención e Intervención con la Violencia Doméstica.[15]

Por otra parte, durante el procedimiento que establece esta pieza legislativa para la protección de menores se provee para que los(as) hermanos(as) mayores de edad, no dependientes de sus padres[16], así como los abuelos(as), puedan ser escuchados. El Tribunal les concederá legitimidad para intervenir cuando determine que mantienen una relación con el menor o han hecho suficientes esfuerzos para establecer la misma con éste; y que permitirles intervenir es conforme a los propósitos de esta Ley de buscar el mejor interés del menor."[17] Además, el Art. 44 (d) establece un plan de visitas donde los hermanos que han sido removidos de su hogar puedan relacionarse entre sí al menos dos (2) veces al mes, buscando, en lo posible, que se puedan ubicar juntos."[18]

En términos procesales la Ley 177, supra, establece como garantías que, la parte contra la cual se presente una acciónl al amparo de dicho estatuto podrá comparecer asistida de abogado en todas las etapas del proceso. Si no tuviere medios para sufragar tal representación, en el proceso judicial el Tribunal podrá nombrarle un abogado. Los demandados podrán renunciar a su derecho a estar asistidos de abogado en todo momento, incluyendo renuncia de custodia.[19] No obstante, el padre o madre del menor podrán renunciar a la

---

[10] Ley 177, *supra*, Artículo 2 (n)
[11] Ley 177, *supra*, Artículo 50
[12] Ley 177, *supra*, Artículo 42
[13] Ley 177, *supra*, Artículo 1

[14] Ley 177, *supra*, Artículo 2 (s)
[15] Ley Núm. 151 de 4 de agosto de 2008, Exposición de Motivos
[16] Esto fue introducido mediante enmienda al Artículo 46 de la Ley 177, *supra*, en virtud de la Ley Núm. 510 de 29 de septiembre de 2004:
[17] Ley 177, *supra*, Artículo 46 (b)
[18] Esto se introdujo en la Ley 177, *supra*, Artículo 44 (d) mediante una enmienda en virtud de la Ley Núm. 63 de 10 de agosto de 2009
[19] Ley 177, *supra*, Artículo 32

patria potestad de los menores sólo si están asistidos de abogado. El consentimiento será prestado por escrito, de forma consciente y voluntaria en sala ante un juez del Tribunal para su verificación. El juez advertirá sobre las consecuencias de la orden de privación de patria potestad. De no cumplirse con dichos requisitos, la renuncia será nula.[20] Por otro lado, esta Ley establece que, en los procedimientos dispuestos por la misma, no existirá privilegio en las comunicaciones, según se dispone en las Reglas de Evidencia de Puerto Rico, excepto entre abogado y cliente.[21]

Por su parte el menor, tendrá derecho a ser escuchado. El Juez podrá entrevistar al menor de edad en presencia del Procurador o de un trabajador social del mismo Tribunal. Sus declaraciones formarán parte del expediente. El tribunal podrá admitir y considerar evidencia escrita u oral de declaraciones vertidas fuera del tribunal por un menor, y dará a esa evidencia el valor probatorio que amerite. También podrá obtener el testimonio de un menor mediante la utilización del sistema de circuito cerrado, cuando el tribunal, luego de una audiencia, lo entienda apropiado.[22]

Desde el punto vista penal, en muchos casos la conducta de los padres o custodios, además de producir daño físico y emocional en el menor, podría constituir delito tipificado en el Código Penal o en alguna ley penal especial. Estos delitos, por su naturaleza violenta o de implicaciones emocionales, podrían afectar la seguridad y bienestar del menor. Este sería el caso de incurrir en conducta constitutiva de varios delitos contra la persona, la vida, la integridad corporal, la familia, indemnidad sexual del Código Penal, o delitos de maltrato tipificados tanto en la Ley de Violencia Doméstica como en la de Bienestar y Protección de la Niñez.[23]

En los casos de maltrato y/o negligencia institucional la Ley 177, *supra*, establece un procedimiento específico. Se dispone que la disposición final de estos casos se realice en un término no mayor de 6 meses. En cualquiera de las etapas del procedimiento, donde se determine que existe una situación de emergencia que pone en peligro al menor, el Tribunal podrá ordenar entre otras cosas: la reubicación inmediata del menor y cualquier otro menor que se considere puede estar en riesgo; el cierre parcial o total de la institución; y que se detengan las admisiones, ubicaciones o colocaciones en la institución o agencia peticionada.[24]

Un aspecto importante en todas las fases del procedimiento establecido por la Ley 177, *supra*, es la confidencialidad. Todos los expedientes relacionados con casos de protección, incluyendo los informes de cualesquiera oficinas, entidades públicas, privadas o privatizadas generados en el cumplimiento de esta Ley, serán confidenciales y no serán revelados, excepto en los casos y circunstancias en que específicamente lo autorice el estatuto.[25] Toda persona que divulgue información confidencial bajo las disposiciones de esta Ley, sin autorización, incurrirá en delito menos grave.[26]

La legislación establece un procedimiento para que el sujeto de un informe de maltrato de menores, pueda solicitar la información de su caso que conste en el Registro Central, salvaguardando la confidencialidad de la persona que de buena fe brindó información. Además, en aquellos referidos en que no se encuentren fundamentos, la persona podrá solicitar que se elimine su nombre del Registro.[27]

En los procedimientos judiciales al amparo de esta Ley, el público no tendrá acceso a las salas. El Tribunal podrá permitir la admisión de personas que demuestren tener interés en los asuntos que se ventilen, según las reglas que disponga para ello.[28]

---

[20] Ley 177, *supra*, Artículo 53 (a)
[21] Ley 177, *supra*, Artículo 34
[22] Ley 177, *supra*, Artículo 45
[23] Nevares-Muñiz, Dora, Derecho de Menores, 6ta. Ed., San Juan: Instituto para el Desarrollo del Derecho, 2009, pág. 148

[24] Ley 177, *supra*, Artículo 68
[25] Ley 177, *supra*, Artículo 26
[26] Ley 177, *supra*, Artículo 74
[27] Ley 177, *supra*, Artículo 25
[28] Ley 177, *supra*, Artículo 33

Por último, cabe señalar que la Ley 177, *supra*, establece una causa de acción para reclamar daños y perjuicios a favor de cualquier persona que resulte afectada en el empleo por cumplir con su deber de informar. La Ley dispone que se entenderá como evidencia *prima facie* de represalias laborales cuando, dentro de los 6 meses de haber informado la situación de maltrato, ocurra cualquier transacción de personal o cambio perjudicial en sus condiciones o status de empleo.[29] El Art. 21 del estatuto señala que la información ofrecida de buena fe por las personas que tienen el deber de notificar las situaciones de maltrato y negligencia, no podrá ser utilizada en su contra en ningún proceso civil o criminal.[30] Sin embargo, dicha inmunidad no incluye al Estado cuando sus empleados actúan negligentemente. El Estado está sujeto a una acción civil en daños y perjuicios si, a través de sus funcionarios, no sigue el debido proceso de ley o es negligente al ejercer su discreción, al remover un menor o ejercer la supervisión que le autoriza la Ley.[31] Por otro lado, cualquier persona que bajo esta Ley, tenga el deber de informar situaciones de maltrato y dejare de hacerlo, incurrirá en delito menos grave.[32]

Como hemos discutido, la "Ley para el Bienestar y la Protección Integral de la Niñez" es bastante abarcadora y completa. Su implantación adecuada y precisa es la clave para que los propósitos de la misma se reivindiquen y podamos lograr el objetivo de que los niños y adolescentes en Puerto Rico vivan libres de maltrato y negligencia. Es responsabilidad de todas y todos procurar que ésta se convierta en letra viva. *

---

[29] Ley 177, *supra*, Artículo 72
[30] Ley 177, *supra*, Artículo 21
[31] *García Gómez v. E.L.A.*, 163 DPR 800 (2005)
[32] Ley 177, *supra*, Artículo 73

SellosyComprobantes.com

Imprima Sellos de Rentas Internas

y Comprobantes del

Departamento de Hacienda

en la comodidad y

seguridad de su oficina.

Todos los días, 24 horas al día, 7 días de la semana, 365 días del año

:: Sin filas

:: Sin cheques certificados

:: Sin viajes a Colecturías

:: Sin tarifas de impresión

:: Sin tarifas de acceso

:: Sin problemas de inventarios

:: Sin necesidad de bóvedas

:: Sin días feriados

Con www.sellosycomprobantes.com tiene a su alcance todos los sellos y comprobantes que necesita los 7 días de la semana las 24 horas.

Para una orientación llámenos al 787-289-8753 o escríbanos a info@sellosycomprobantes.com